Fons Delnooz

Patricia Martinot

SCHWINGUNGSRESONANZ

Fons Delnooz
Patricia Martinot

SCHWINGUNGS-RESONANZ

Handbuch für den
energetischen Schutz

WINDPFERD

Wichtiger Hinweis: Die in diesem Buch beschriebenen Methoden sollen ärztlichen Rat und medizinische Behandlung nicht ersetzen. Die in diesem Buch vorgestellten Informationen sind sorgfältig recherchiert und wurden nach bestem Wissen und Gewissen vorgestellt. Dennoch übernehmen Autor und Verlag keinerlei Haftung für Schäden irgend welcher Art, die direkt oder indirekt aus der Anwendung oder Verwendung der Angaben in diesem Buch entstehen. Sämtliche Informationen in diesem Buch sind für Interessierte zur Weiterbildung gedacht.

Aus dem Niederländischen übertragen von *Martin Rometsch*

Titel der Niederländischen Originalausgabe *Handboek Energetische bescherming*
Erschienen bei *Uitgeverij Ankh-Hermes bv – Deventer*
© 2008

Aus dem Niederländischen übertragen
von *Martin Rometsch*

1. Auflage 2010
© 2010 Windpferd Verlagsgesellschaft mbH, Oberstdorf
www.windpferd.de
Alle Rechte vorbehalten
Umschlaggestaltung: Kuhn Grafik Communication Design, CH-Amden
unter Verwendung einer Illustration von 123rf
Layout: Marx Grafik&ArtWork
Lektorat: Silke Kleemann
Gesetzt aus der Adobe Garamond
Druck: Himmer AG, Augsburg
Gedruckt auf Schleipen-Werkdruckpapier, säurefrei, chlorfrei gebleicht,
mit Zellstoff aus regelmäßig überprüften Waldbewirtschaftungsbeständen
Printed in Germany · ISBN 978-3-89385-605-3

INHALT

VORWORT

Es gab eine Zeit, in der ich (Fons Delnooz) in meiner therapeutischen Praxis unter Energiekontamination und Energieverlust litt. Also stellte ich Nachforschungen an. Das Ergebnis war das Buch *Energetischer Schutz: Wie man sich vor Energieverlust, negativen Energien und Schwingungsresonanzen schützen kann*, das im Jahr 2000 zum ersten Mal in den Niederlanden erschien. Zu meiner großen Überraschung war es in sehr kurzer Zeit ausverkauft, und inzwischen ist die sechste niederländische Auflage erschienen. Auch in spanisch- und deutschsprachigen Ländern war das Interesse groß. Seitdem sind acht Jahre vergangen. Viele Klienten baten uns um Hilfe rund um das Thema „energetischer Schutz". Wir gaben und geben diese Hilfe in Form von Einzelberatungen und -schulungen. Aber es ist für unsere Arbeit die ganze Zeit über ein wichtiges Thema geblieben, und wir haben daraus viel gelernt. Deshalb sind wir allen Menschen aufrichtig dankbar, mit denen wir gearbeitet haben und die uns dadurch den Weg zu neuen Einsichten und neuen Methoden gezeigt haben. Dieses Buch ist das Ergebnis unserer Forschungen während der vergangenen acht Jahre.

Das Buch *Energetischer Schutz* hat Fons Delnooz alleine entwickelt und geschrieben. Dieses *Handbuch für den energetischen Schutz* haben wir gemeinsam entwickelt und verfasst. Es ist die Frucht einer jahrelangen intensiven Zusammenarbeit und Forschung.

Dieses Buch unterscheidet sich in mancher Hinsicht von seinem Vorgänger aus dem Jahr 2000. Damals hatten wir vor allem erklärt, wie Sie sich vor Energieverlust und -kontamination schützen können. In diesem neuen Buch liegt der Akzent darauf, wie Sie diesen Problemen vorbeugen können, indem Sie Ihre innere Kraft aufbauen. Im ersten Buch ging es um Energieverlust und -kontamination, in diesem geht es hauptsächlich um unerwünschtes Zerfließen der Aura und alles, was damit zusammenhängt. Beide Bücher ergänzen einander also sehr gut.

Wie in allen unseren Büchern führen wir auch in diesem wieder zahlreiche Beispiele an, die auf unserer Arbeit basieren. Es handelt sich *nie* um Berichte realer Klienten und Kursteilnehmer, sondern um konstruierte Beispiele, die darauf gründen, was wir von Menschen gehört und bei ihnen wahrgenommen haben.

Wir hoffen, dass wir in unserem Leben noch viele Menschen auf dem Weg zu ihrer inneren Kraft begleiten dürfen.

Fons Delnooz und Patricia Martinot

EINLEITUNG

In unseren zahlreichen Workshops und Kursen rund um den energetischen Schutz bitten wir die Teilnehmer häufig, Symptome des Energieverlustes und der Energiekontamination zu nennen. Viele Symptome werden beschrieben, und immer wieder die gleichen. Offenbar spüren alle diese Menschen sehr deutlich, dass in ihrem feinstofflichen System etwas nicht in Ordnung ist. Augenscheinlich können sie die Verbindung herstellen zwischen ihren Erfahrungen und den Ereignissen in ihrem Energiekörper. Natürlich hat kein Teilnehmer alle Beschwerden. Nein, manche nennen dieses, andere jenes Symptom. Allerdings kommen bestimmte Symptome häufiger vor. Darum beginnen wir dieses Buch damit, einige konkrete Beispiele zu geben. Wir beschreiben, was für Beschwerden auftreten können, wenn das Energiesystem nicht ausreichend in sich ruht.

Selbstverständlich *können* alle diese Symptome auch unmittelbar mit körperlichen Problemen zusammenhängen. Es ist wichtig, solche Ursachen auszuschließen. In unserer Praxis achten wir immer darauf. Wir begegnen sehr vielen hypersensiblen Menschen, bei denen ein großer Teil der Symptome auf ein unzureichend abgegrenztes Energiesystem zurückzuführen ist. Wenn wir nun unbedacht wären, würden wir automatisch annehmen, dass das Energiesystem die Ursache eines Symptoms ist; aber dann käme gewiss der Tag, an dem wir ernste Beschwerden für „feinstofflich" erklären, obwohl das nicht stimmt. Das würde dem Klienten schaden – und darf darum nie geschehen. Prüfen Sie also immer, ob ein Symptom eine körperliche Ursache hat oder nicht! Diese Regel behalten wir im Hinterkopf, während wir die Beschwerden untersuchen, die auftreten können, wenn die Grenzen des Energiesystems unklar sind.

ENERGIEVERLUST, ENERGIEKONTAMINATION, ZERFLIESSEN: BESCHWERDEN

Ein Symptom fällt am stärksten auf: Müdigkeit. Sie unterscheidet sich von normaler Müdigkeit. Wir sind ohne erkennbare Gründe völlig ausgelaugt, obwohl wir nicht verspannt, überlastet oder krank sind. Diese Müdigkeit kann sich als Lähmung, Unwohlsein oder Depression äußern. Es ist, als hätten wir alle Kraft verloren. Dies ist das häufigste Symptom der Energiekontamination und des Energieverlustes. Diese Müdigkeit kann gelegentlich, aber auch ständig auftreten. Wenn sie Ihr Leben bestimmt, ist der Energieaustausch mit anderen Menschen umfassend gestört. Das kann Beschwerden auslösen, die dem Burnout-Syndrom ähneln. Manchmal manifestiert sich die Müdigkeit als Schlappheit und Lustlosigkeit. Wir sind zu erschöpft, um aufzustehen, und wollen nur noch in Ruhe gelassen werden.

Unreine Energie und eine zu dünne Aura können eine Vielzahl von feinstofflichen und körperlichen Symptomen hervorrufen. Wir wollen hier nur einige von ihnen erwähnen:

Kopfschmerzen (häufig)
Benommenheit
Übelkeit
aufgedunsener Bauch
gestörter Atemrhythmus
Schmerzen irgendwo im Körper

Mögliche seelische und emotionale Folgen sind:

Angst
Wut
Kummer
Einsamkeit
Hektik

Auch Schwindelgefühle treten auf, und das hat Folgen:

Konzentrationsschwäche
das Gefühl, „benebelt" zu sein
Verlust des klaren Denkens
Gedächtnisstörungen
Sehschwäche
Verwirrtheit
abschweifende Gedanken

Sie haben das Gefühl …
  unsauber zu sein
  nicht mehr der/die Alte zu sein
  ein anderer Mensch zu sein

Sie wollen …
  duschen
  mehr Raum für sich selbst
  niemanden um sich haben
  auf dem Sofa liegen
  schlafen

Sie reagieren anders auf Ihre Angehörigen:
  Sie sind wütend
  Sie reagieren sich ab
  Sie wollen allein sein
  Alle gehen Ihnen auf die Nerven
  „Lasst mich in Ruhe!"

Sie kommen Ihrer Familie verändert vor:
  „Sie hat eine sonderbare Ausstrahlung"
  „Er ist irgendwie unsauber"
  „Sie interessiert sich nicht für mich"
  „Papa benimmt sich plötzlich seltsam"
  „Mama ist unberechenbar"

Was fällt an diesen Symptomen am meisten auf? Sie können plötzlich auftreten, scheinbar ohne Anlass, wie aus dem Nichts – und dennoch heftig sein. Aber wenn Sie wissen, woher sie kommen und wie Sie damit umgehen, sind diese Beschwerden innerhalb weniger Minuten verschwunden. Dann wissen Sie zudem, dass Sie auf dem richtigen Weg waren und Ihre Probleme korrekt eingeschätzt haben.

Thema dieses Buches ist, was hier vor sich geht und was Sie tun können. Wir beginnen mit der Besprechung des Energiekörpers; denn er ist es, der Energie verliert, unreine Energie aufnimmt und unter einer zu dünnen Aura leidet.

1
DER ENERGIEKÖRPER

Sie gehen die Straße entlang. Sie spüren Blicke im Rücken.

Peter ruft an. Nanu – eben haben Sie an ihn gedacht!

Ihr Hund steht auf und läuft schwanzwedelnd zur Tür. Aha – Ihr Mann kommt gleich nach Hause.

Sie suchen ein neues Haus und haben schon eine Reihe von Häusern besichtigt. Einige von ihnen fühlen sich gut an, andere irgendwie düster. Woher kommt das?

Wenn Sie Blicke im Rücken spüren, kann offenbar etwas in Ihnen wahrnehmen, dass Sie jemandes Aufmerksamkeit erregt haben. Aber wie merken Sie das? Sie sehen diese Person nicht, Sie hören sie nicht. Vielleicht ist sie Ihnen sogar unbekannt. Offenbar findet hier ein Informationsaustausch statt, aber auf eine ganz andere Weise, als Sie es in der Schule gelernt haben. Unsere Wahrnehmung ist anscheinend nicht auf Hören, Sehen, Fühlen, Riechen und Schmecken beschränkt; sondern es gibt noch einen ganz anderen Bereich der Wahrnehmung. In der englischen Fachliteratur wird oft von *extra sensory perception* (ESP) gesprochen. Das bedeutet wörtlich „außersinnliche Wahrnehmung". Der Begriff verweist also auf Wahrnehmungen, für die wir nicht die physischen Sinnesorgane benutzen. Im Deutschen verwenden wir oft das Wort „Hellsehen". Auch damit ist eine Wahrnehmung ohne die Sinnesorgane gemeint, mit denen wir unsere materielle Welt erfassen. Der englische Begriff beschreibt, was geschieht; der deutsche ist insofern etwas unglücklich, weil wir das Wort „hell" mit Licht, positiven Dingen und Intelligenz verbinden. Aber Hellsehen ist nicht immer positiv; es kann sogar gefährlich sein. Emotionale Störungen können die Wahrnehmung verzerren – dann ist gar nichts mehr „hell"! Darauf kommen wir noch ausführlich zurück.

Offenbar kann auch Ihr Hund „hellsehen": Er weiß, dass sein Herrchen kommt, lange bevor er ihn hören, sehen oder riechen kann. Und wenn ein Familienmitglied krank ist, legt er sich zu ihm aufs

Bett. Woher weiß er das? „Instinkt", sagen Sie vielleicht. Nun ja, der Instinkt veranlasst das Tier vielleicht dazu, bei einem Kranken zu bleiben – aber woher weiß es, dass Ihr Kind krank ist? Durch außersinnliche Wahrnehmung.

Sogar Pflanzen beherrschen die außersinnliche Wahrnehmung. Das hat der amerikanische Detektiv Backster überzeugend nachgewiesen. Er schloss einen Lügendetektor an eine Pflanze an. Eine Versuchsperson mit bösen Gedanken betrat den Raum und pflückte ein Blatt. Der Lügendetektor schlug heftig aus. Als dieselbe Person später erneut in den Raum kam, schlug der Zeiger wieder kräftig aus – die Pflanze wusste, dass ihr „Peiniger" da war, obwohl sie keine Ohren und Augen, keinen Geruchssinn und keinen Tastsinn besaß. Anscheinend nahm sie auf andere Weise wahr.

Auf diesem Gebiet wurden schon viele interessante Beobachtungen gemacht, und es gibt zahlreiche gute, überraschende und aufschlussreiche Studien. In Asien wurden Ratten in einem Labor dazu abgerichtet, Kunststücke zu vollbringen, beispielsweise eine Hindernisbahn zu bewältigen, um Futter zu finden. Die Forscher notierten, inwiefern sie dafür außersinnliche Wahrnehmung einsetzten. Als einige Ratten die Fertigkeit erworben hatten, lernten andere Ratten immer schneller. Woher wussten sie voneinander? Rattensprache? Sobald die Ratten in Asien den Parcours beherrschten, begann eine neue Studie in England. Und siehe da – die englischen Ratten lernten jetzt ebenfalls schneller! Offenbar hatten sie das Kunststück von den asiatischen Ratten gelernt. Dieses Beispiel zeigt, dass Tiere ohne Sprache und ohne direkten Kontakt Informationen übermitteln. Also außersinnlich.

Außersinnliche Wahrnehmung bei Tieren ist folglich kaum von der Entfernung abhängig. Backster wies mit seinem Lügendetektor nach, dass eine Pflanze, die längere Zeit von ihrem „Besitzer" gut versorgt wurde, auch aus der Ferne wahrnimmt, wie es diesem geht. Der Lügendetektor reagiert mit einem heftigen Ausschlag, wenn dem Besitzer etwas zustößt, selbst wenn er Dutzende von Kilometern entfernt ist.

Aber geht das auch beim Menschen, dem am höchsten entwickelten Wesen auf Erden? Vielleicht sagen Sie nun spontan: „Natürlich nicht!" Dennoch haben auch Sie schon oft gespürt, wie es dem Partner, einem Kind oder der Mutter ging. Jeder kennt solche Beispiele.

Pflanzen, Tiere, Menschen – alle können ohne die fünf Sinnesorgane wahrnehmen.

Außersinnliche Wahrnehmung wird oft mit Intuition gleichgesetzt. Aber dieses Wort erklärt nichts. Es ist ein Name für einen Vorgang, für eine Art der Wahrnehmung. Aber er sagt nichts darüber aus, *wie* man wahrnimmt. Anscheinend gibt es eine andere Welt, die ebenso real ist wie die Welt, die wir sehen, hören, riechen, tasten oder schmecken können. Das ist die Welt der Energie.

Was geschieht eigentlich, wenn wir unsere materielle Welt wahrnehmen? Wie grobstofflich ist diese Wahrnehmung? Wenn wir etwas schmecken oder riechen, ist das klar. Beim Schmecken ist etwas im Mund, und Moleküle dieser Substanz reizen unsere Geschmacksknospen. Wenn wir riechen, nehmen bestimmte Zellen Moleküle wahr, die sich in der Luft befinden. Das ist ganz und gar materiell. Das Hören ist bereits etwas weniger materiell, denn dabei registrieren wir Luftschwingungen. Und was geschieht beim Sehen? Lichtquanten prallen von Oberflächen ab und treffen auf unsere Augen. Ist das ein materieller Vorgang? Müssen wir das Licht nicht eher als Energie betrachten, die übertragen wird? Und was tut diese Energie?

Ellen sieht einen Hund auf sich zulaufen. Ihr Herz schlägt vor Schreck schneller.

Was sie sieht, bewirkt, dass in ihrem Kopf verschiedene Prozesse ablaufen. Die innere Kommunikation durch elektrische Impulse, Neurotransmitter oder Hormone spielt sich rasend schnell ab. Ellen spürt, dass ihr Herz schneller schlägt – geht es noch materieller? Blitzschnell „übersetzt" der Körper die Energie, die auf die Netzhaut trifft (dank der Lichtquanten sieht Ellen ihren Hund) in physische Prozesse (ihr Puls beschleunigt sich). Anscheinend ist der Körper durchaus in der Lage, Energie in materielle Vorgänge umzuwandeln.

Sie gehen auf der Straße. Plötzlich spüren Sie Blicke im Rücken. Sie bekommen Angst und eilen nach Hause.

Hier wird etwas Subtiles wahrgenommen (Blicke im Rücken) und in körperliches Handeln (Weglaufen) umgesetzt. Wie ist diese Wahrnehmung zu erklären? Damit werden wir uns in diesem Buch eingehend befassen, denn es ist für alle Menschen wichtig, die energetisch zu offen sind und lernen wollen, ihr Energiesystem besser zu spüren.

Die genannten Beispiele zeigen, dass es noch eine andere Welt gibt, nicht nur die Welt, die wir mit unseren Sinnesorganen erfassen. Es ist die Welt der Energie. Sie wird im Osten seit Tausenden von Jahren erforscht, und diese Studien bilden die Grundlage für die spirituelle Entwicklung und medizinische Behandlung von Milliarden Menschen. Im Westen beginnen die ersten Naturwissenschaftler, sich mit dem Wissen des Ostens zu beschäftigen. Während die Forschung im Osten sich jahrtausendelang allein mit inneren Wahrnehmungen auf der feinstofflichen Ebene befasste, gehen westliche Forscher seit Jahrhunderten von der Materie, vom Grobstofflichen aus. Diese Forschungen belegen, dass ein Atom aus Teilchen (Protonen, Neutronen, Elektronen) besteht, die weit voneinander entfernt sind. Wir können ein Atom mit einem Fußballfeld vergleichen: Darauf befinden sich einige Spieler (Teilchen), und zwischen ihnen ist ... *Leere.* Unsere Materie besteht also hauptsächlich aus leerem Raum. Das vermittelt uns ein ganz anderes Bild vom „Materiellen"! In dieser Leere ist Bewusstsein, sagen Naturforscher.

Materie ist folglich nicht so stofflich, wie wir immer glaubten. „Stofflich" und „nichtstofflich" sind relative Begriffe, Produkte unserer Sinnesorgane und der wissenschaftlichen Erkenntnisse. Moderne Naturwissenschaftler schlagen eine Brücke zwischen dem Osten und dem Westen. Wenn jedes Atom 99 Prozent Bewusstsein ohne Materie enthält, können wir getrost behaupten, dass jeder Mensch von Bewusstsein erfüllt ist. Genau das sagen auch die Mystiker. Für sie ist der Kosmos bewusst. Dieses Bewusstsein, sagen sie, befindet sich in jedem Menschen. Das Einswerden mit diesem Bewusstsein ist die mystische Erfahrung. Was die christliche Tradition Mystik nennt, ist im Osten die Erleuchtung, die Erkenntnis, dass alles eins ist. Das Bewusstsein ist somit unbegrenzt. Und wir können dieses Bewusstsein wahrnehmen und uns mit ihm vereinigen. Allerdings nehmen wir es nicht mit den physischen Sinnesorganen wahr, auch nicht mit der Großhirnrinde, dem am höchsten entwickelten Teil des Gehirns. Aber wir können dieses Bewusstsein mit unserem feinstofflichen Körper wahrnehmen – mit dem Energiekörper.

In unserem Körper befindet sich ein feinstofflicher Leib mit Organen, die spezielle Funktionen haben, so wie die Organe des grobstofflichen Körpers. Auch diese Organe sind miteinander verbunden; sie nehmen Nahrung auf und scheiden Abfallprodukte aus, genau wie der materielle Körper. Und sie kommunizieren intensiv miteinander – nicht durch Hormone und Neurotransmitter wie im grobstofflichen Körper, sondern durch feinstoffliche Übertragung. Dieser Energiekörper ist ein sehr lebendiges Ganzes, in dem zahllose Prozesse ablaufen, so wie im stofflichen Körper. Zwischen dem physischen und dem feinstofflichen Körper besteht zudem eine Wechselwirkung. Jeder Vorgang in einem Körper wirkt sich sofort auf den anderen aus. Wer viele Sorgen hat, geht ein wenig gebückt. Wer glücklich ist, strahlt. Wer sich überanstrengt, schadet seinem Herzen und riskiert einen Herzanfall. Andererseits hat alles, was wir auf der materiellen Ebene erleben, sowie unsere Reaktion darauf großen Einfluss auf die Qualität des Energiekörpers. Beispiele dafür sind die Ernährung und das Verhalten.

Außersinnliche Wahrnehmung spielt sich im Energiekörper ab. Die Kommunikation erfolgt dort auf verschiedenen Wegen, wie Sie in diesem Buch erfahren werden. Manche Menschen nennen wir sensibel oder sogar hypersensibel. Bei ihnen ist der feinstoffliche Körper auf eine ganz bestimmte Weise entwickelt. Das ist durchaus nicht immer vorteilhaft. Empfindsamkeit hat ihre Ursachen, die oft leicht erkennbar sind. Vielleicht war sie einst nützlich, während sie heute stört. Bisweilen hat sie mehr Nachteile als Vorteile. Ein sehr wichtiger Bestandteil des Energiekörpers ist die Aura. Sie hat verschiedene Aufgaben, zum Beispiel die Kommunikation mit der Außenwelt. Im folgenden Kapitel gehen wir näher auf die Aura ein.

2
DIE AURA

Jeder Mensch ist von einem Energiefeld umgeben. Dieses Feld nennen wir Aura. Die Aura ist ein Feld aus starker Energie, das eine unauflösliche Einheit mit dem materiellen Körper bildet. Sie hat viele Funktionen. Eine gesunde Aura ist mehrere Meter groß. Die genaue Größe ist von Mensch zu Mensch unterschiedlich. Deshalb sprechen wir immer von der optimalen Aura eines bestimmten Menschen.

Als im Juli 2002 unser Buch *Energetischer Schutz: Wie man sich vor Energieverlust, negativen Energien und Schwingungsresonanzen schützen kann* herauskam, fanden viele sensible und hypersensible Menschen den Weg in unsere Praxis. Auffallend war, dass die Aura dieser Menschen oft sehr schwach war. Wir beschlossen, die Aura zu messen. Dafür brauchten wir eine Maßeinheit, und zwar eine, welche die Einzigartigkeit jeder Aura berücksichtigte. Die ideale Größe der Aura ist nämlich von Mensch zu Mensch verschieden. Wir beschlossen, als Maß für die ideale Aura eine Größe von einem Meter anzunehmen und zu messen, wie stark die Auras von diesem Ideal abwichen. Als Messinstrument benutzten wir kinesiologische Tests, ein ursprünglich amerikanisches Biofeedbacksystem, das wir in unserer Praxis häufig anwenden. Unsere Messungen bestätigten, was wir bereits intuitiv bemerkt hatten: Die Auras dieser empfindsamen Menschen waren viel größer. Oft waren sie Dutzende Meter größer – und zwar in allen Richtungen – als eine Aura, die für sie ideal gewesen wäre! Die folgenden Beispiele illustrieren dieses Phänomen.

Die 17-jährige Sara hat eine Aura von 26 Metern. Sie geht zur Schule. Ihr Klassenzimmer ist zehn mal zehn Meter lang. Ihr Energiefeld erreicht zwei Klassenzimmer links und rechts neben ihr. Wenn in jeder Klasse 25 Schüler sitzen, erreicht ihre Energie somit 125 Schüler. Aber Saras Schule hat drei Stockwerke, und ihr Klassenzimmer befindet sich auf der mittleren Etage. Deshalb befinden sich sogar mehrere hundert Mitschüler in Saras Energiefeld.

Jana geht zum Schlussverkauf. Eigentlich wollte sie nicht gehen, weil sie es nicht mag, wenn in den Läden Gedränge herrscht. Aber sie will die günstigen Preise nutzen. Ihre Aura umfasst 26 Meter. Während sie durch die Geschäfte wandert, hat ihr Energiefeld Kontakt mit Hunderten von Kunden. Nach einer halben Stunde ist sie todmüde und geht nach Hause.

Tim ist 12 Jahre alt. Er geht in die letzte Klasse der Grundschule. Seine Aura ist zehn Meter groß. Wenn die Klasse unruhig ist, kann er sich nicht konzentrieren. Seine Gedanken schweifen ab, und er reagiert auf die Kinder neben ihm.

Tina ist 14, Stefan 16 Jahre alt. Sie sind Geschwister. Tina spürt genau, wie es Stefan geht; sie kennt ihn durch und durch. Tina hat eine Aura von 12 Metern.

Marlies (36 Jahre) hat eine sehr große Aura, die nach unserem Test einen Durchmesser von 50 Metern aufweist. Das ist eine der größten Auras, die wir je gemessen haben. Marlies geht nicht, sie schwebt. Man hat den Eindruck, sie lebe auf einem anderen Planeten. Mit sich selbst hat sie sehr wenig Kontakt.

Wenn man mit Menschen arbeitet, die eine sehr große Aura haben, fällt als Erstes ihre Sensibilität auf. Sie können sich gut in andere einfühlen, weil ihre große Aura wie eine Antenne wirkt. Diese Antenne spürt, wie es anderen Menschen geht, und im Laufe der Jahre wird sie zu einem hochempfindlichen Instrument der außersinnlichen Wahrnehmung. Es gibt einige klare Ursachen dafür, dass sich eine solche Aura entwickelt.

2.1
URSACHEN EINER GROSSEN AURA

Es ist wichtig, dass wir verstehen, wie sich eine große Aura entwickelt. Und wir müssen begreifen, dass es dafür viele verschiedene Ursachen gibt. Letztlich sind jedoch alle Ursachen auf Mangel an Liebe und Respekt zurückzuführen, der beim Kind oder bei der Mutter heute, in der Jugend, während der Schwangerschaft oder noch früher Unsicherheit auslöst oder ausgelöst hat.

SICHERHEIT SCHAFFEN

Mama schreit. Ihr 4-jähriges Kind liegt im Bett und hört Teller klirren. Ein Stuhl fällt um. Das Kind will wissen, was los ist. Geht es Mama gut?

Rachel ist 3 Jahre alt. Papa ist betrunken. Er schreit Mama an. Das tut er immer, wenn er betrunken ist – und abends ist er meist betrunken.

Toni ist 3 Jahre alt. Mama spielt mit ihm. Sie ist guter Laune. Die beiden rennen durchs Zimmer. Hoppla – ein Becher mit Limonade fällt um. Mama schreit: „Du Tollpatsch, du machst alles kaputt!" Tonis Mutter ist eine emotionale Frau. Sie kann von einem Augenblick zum anderen wütend werden. Manchmal ist sie fröhlich und nett – aber ganz plötzlich wird sie zornig oder gereizt.

Manfred ist 2 Jahre alt. Seine Mutter ist schwer depressiv. Sie ist verzweifelt und ängstlich. Weinend steht sie mitten im Zimmer. Das Leben ist so sinnlos …

Bei allen diesen Beispielen fällt auf, dass die Eltern das emotionale Gleichgewicht verloren haben. Das ist für Kinder unerträglich. Wenn es nur gelegentlich vorkommt, wird ein Kind damit fertig; aber wenn es regelmäßig geschieht, leidet es darunter: Es wird unsicher und ängstlich. Angst ist eine äußerst unangenehme Emotion. Sie haben Ihre Umwelt nicht mehr im Griff. Sie wollen wissen, was los ist. Also strecken Sie Ihren „Fühler" aus – die Aura. Die Aura greift nach dem Energiefeld anderer Menschen. Jetzt wissen Sie, wie es um die anderen steht und wer Sie ablehnt. Dann können Sie versuchen, zu fliehen, Ihren Bruder oder Ihre Schwester zu retten, indem Sie den Blitzableiter spielen, oder Ihrer Mutter zu helfen. Die große Aura ist dann Ihr bester Freund, den Sie dringend brauchen, um ein Gefühl der Sicherheit zu empfinden, um sich vorzumachen, dass Sie der Lage gewachsen sind.

IMITIEREN

Ellen ist 28 Jahre alt. Sie kommt mit ihrem 8-jährigen Sohn Tim in unsere Praxis. Tim sei hypersensibel, sagt die Mutter. Wir testen Tim und stellen fest, dass er eine sehr große Aura hat, die ihn empfindsam macht. Dann testen wir kinesiologisch, wie wir ihm am besten helfen können. Der Muskeltest ergibt, dass wir am besten mit Ellen beginnen. Also prüfen wir Ellens Aura – sie ist noch größer als die ihres Sohnes!

Susanne ist im achten Monat schwanger. In einem Monat wird sie gebären. Susanne ist sehr sensibel; ihre Aura ist unserem Test zufolge dreißig Meter groß. Auch ihr Kind wird eine große, empfindsame Aura entwickeln; denn es imitiert seine Mutter.

Kinder ahmen ihre Eltern nach. So lernen sie. Sie gehen, wie die Eltern gehen, sie sprechen, wie die Eltern sprechen – das kennen Sie bestimmt. Kinder imitieren bisweilen auch die feinstofflichen Muster der Eltern. Wenn die Mutter eine sehr große Aura hat, trifft das meist auch auf ihr Kind zu. Ist das Kind noch klein, hat es wenig Sinn, ihm beizubringen, wie es seine Aura kompakter machen kann, so dass seine Antenne weniger sensitiv wird. Zwar sind Kinder durchaus imstande, das zu lernen, sogar leichter und schneller als Erwachsene, manchmal ganz intuitiv und entschlossen – es ist mitunter verblüffend. Aber wenn das Kind die Mutter nachahmt, wäre dies lediglich eine Symptombehandlung. Es ist viel wirksamer, der Mutter zu erklären, wie sie ihr Energiefeld verengen kann. Sobald ihr das gelingt, folgt ihr das Kind meist von selbst. Wenn nicht, genügen häufig einfache Übungen, um ihm zu helfen. Darauf gehen wir später genauer ein.

DAS BEDÜRFNIS NACH LIEBE – DIE NETTEN

Marianne kümmert sich kaum um ihre Kinder. Sie sind ihr im Grunde lästig. Sie weiß, dass sie eine gute Mutter sein sollte – aber wie? Die Kinder sind für sie eine Belastung. Ihre 6-jährige Tochter Lena sehnt sich nach ihrer Mama. Sie braucht Anerkennung, Wertschätzung, Zuwendung. „Wenn ich tue, was Mama von mir erwartet", denkt sie, „dann hat sie mich lieb." Sie hat gelernt zu fühlen, was in ihrer Mutter vorgeht, und sie weiß, was ihrer Mutter gefällt. Sie spürt es. Also bedient sie ihre Mutter schon bevor diese einen Wunsch äußert. Lenas Aura ist 16 Meter groß.

Es gibt viele Lenas auf der Welt, die versuchen, Liebe zu erkaufen, indem sie ihrer Mutter oder ihrem Vater jeden Wunsch von den Lippen ablesen. Dieses Verhaltensmuster bleibt häufig ein Leben lang bestehen. Die Lenas sind nett und hilfsbereit und kommen dabei selbst zu kurz.

KARMA

Wer an frühere Leben glaubt, weiß, dass er in jedem Leben neue Erfahrungen sammelt und neue Lektionen lernen muss. Einige dieser Lektionen lernen wir schnell, andere nehmen wir mit ins nächste Leben. Manche Existenzen sind grausam, hart und schmerzhaft. Wenn Sie in einem solchen Leben eine dünne Aura entwickeln, nehmen Sie sie vielleicht ins folgende Leben mit. Dann fangen Sie mit einer dünnen Aura an; denn das ist für Sie die vertraute Art und Weise, das Leben zu bewältigen.

Das Gegenteil ist ebenfalls möglich. Vielleicht haben frühere Existenzen Sie innerlich so gefestigt, dass sie sich als Kind nicht vom dünnen Energiefeld der Mutter beeinflussen lassen und eine kompakte, gut begrenzte Aura aufbauen.

Es gibt also verschiedene Gründe dafür, dass Menschen eine große, dünne Aura entwickeln. Sehen wir uns noch einmal die Vorteile eines solchen Energiefeldes an. Eine große Aura ist vor allem eine Antenne, mit der Sie wahrnehmen können, in welcher Stimmung andere sind. Sie sehen, wissen und fühlen, was vor sich geht. Dadurch schaffen Sie in gewissem Umfang Sicherheit für sich selbst, während Ihre Umwelt beängstigend, bedrohlich und vor allem unberechenbar ist. Mit Ihrer Aura können Sie sogar versuchen, Liebe zu bekommen, indem Sie sich den Wünschen anderer stets unterordnen.

2.2
ERWACHSENE

Früh gelernt ist alt getan …

Das gilt natürlich auch für große Auras. Wenn Menschen als Kinder eine große Aura entwickeln, wird diese im Erwachsenenalter häufig noch größer. Man kann sagen: Die Antenne wird ausgebaut und verbessert. Es ist wie bei den Muskeln, die größer werden, wenn wir sie trainieren. Hypersensible Erwachsene haben eine große oder sehr große Aura. Darum können sie sich gut in andere Menschen einfühlen. Das hat soziale Vorteile; denn sie sind dank ihrer Empfindsamkeit gut für therapeutische Berufe geeignet – so scheint es zumindest (wir kommen später darauf zurück). Am Arbeitsplatz sind sie Vermittler. Aber diese Sensibilität kann natürlich auch dafür missbraucht werden, andere zu manipulieren.

Erwachsene erleben ihre Sensibilität auf unterschiedliche Weise. Manche fühlen vor allem, was andere fühlen. Das liegt auch daran, dass sie ein bisschen der andere *sind*. Bisweilen spüren sie sogar körperlich, was andere fühlen. Die Antenne kann aber auch durch Wissen kommunizieren. Dann wissen Sie einfach, was in einem anderen vorgeht. Oder Sie bekommen diese Information durch innere Bilder. Natürlich können diese drei Kanäle auch zusammenwirken. Jeder sensible Mensch hat seine eigene, einzigartige Methode.

2.3
DAS BEWUSSTSEINSZENTRUM (BZ)

Die Aura ist bei hochsensiblen Menschen eine große Antenne. Sie hüllt den materiellen Körper ein und kann einen Durchmesser von zehn Metern, aber auch von Dutzenden von Metern haben. Bei solchen Menschen fällt etwas ganz Besonderes auf: Sie fühlen sich in ihrem Energiekörper am wohlsten. Menschen, die eine kleine, „ideale" Aura haben, leben im Körper. Menschen mit einer sehr großen Aura leben nicht im Körper, sondern in der Aura. Von dort aus nehmen sie die Welt wahr. Sie leben also in der sensitiven Antenne, die mit dem Körper verbunden ist. Diesen „Lieblingswohnort" nennen wir Bewusstseinszentrum (BZ). In unserer Theorie der Hypersensibilität spielt dieses Konzept eine sehr wichtige Rolle. Wenn Sie in Ihrem Körper leben, hat das bestimmte Vorteile und Nachteile, und das Gleiche gilt, wenn Sie in Ihrer Aura leben. Aber was ist ein Vorteil, und was ist ein Nachteil? Das sieht jeder Mensch anders. In vielen Situationen können wir sagen: Was in der Kindheit ein Vorteil war, wird im Erwachsenenalter eher zum Nachteil. Denn was nützt Ihnen eine hochempfindliche Antenne, wenn Sie als Erwachsener in einer ziemlich stabilen, freundlichen und positiven Umwelt leben? In diesem Fall wiegen die Nachteile einer großen Aura schwerer als die Vorteile. Dann suchen die Betroffenen Hilfe. Für sie und für potentielle Helfer haben wir dieses Buch geschrieben, um sie auf der Suche nach Informationen und echter professioneller Hilfe zu unterstützen.

Auch für das BZ haben wir ein Messverfahren entwickelt. Wenn jemand sein BZ im Körper hat, nennen wir das „null". Wir messen in Metern, ausgehend vom Körper. Das BZ finden wir mit Hilfe von kinesiologischen Tests.

Was bedeutet das alles? Betrachten wir als Beispiel eine 25-jährige Frau, bei der wir kinesiologisch eine Aura mit 40 Metern Durchmesser und ein 30 Meter entferntes BZ ermittelt haben. Der Punkt, an dem sie die Welt wahrnimmt – ihr BZ – hat somit 30 Meter Abstand vom Körper. Es ist natürlich etwas schwierig, sich das vorzustellen, da wir normalerweise nicht von Energiefeldern ausgehen, sondern von Dingen, die wir mit den Händen greifen können. Deshalb glauben wir, wir seien ein materieller Körper und sonst nichts. Aber wir sind viel mehr als das; wir sind auch ein feinstofflicher Körper. Ohne ihn kann der materielle Körper nicht funktionieren – er wäre dann tot. Sie sind ein feinstofflicher Körper! Er ist so real wie Ihr materieller Körper.

Machen wir einen kleinen Abstecher zur Arbeit in der Aura. Dafür gibt es verschiedene Möglichkeiten, zum Beispiel mit farbigem Licht, mit Steinen und mit den Händen. Einerlei, welche Technik man anwendet, das Ziel besteht immer darin, eine Blockade im Energiefeld zu beseitigen, das den materiellen Körper umgibt. Zu diesem Zweck bringen wir das Heilmittel (Licht, Stein, Hand) genau dorthin, wo die Blockade besteht. Manchmal gelingt das sehr präzise, mit einer

Abweichung von wenigen Zentimetern. Was geschieht nun, wenn das Heilmittel auf die Blockade einwirkt? Dann wird sie transformiert und löst sich auf. Menschen, die auf der energetischen Ebene gut wahrnehmen, bekommen das alles mit, manchmal in der Aura, oft auch im materiellen Körper. Sie spüren Veränderungen im Körper, während die Blockade in ihrer Aura – beispielsweise in drei Metern Abstand – sich auflöst. Wenn man Menschen so behandelt, bekommt der Energiekörper immer mehr Hände und Füße. Er ist nicht mehr abstrakt, sondern konkret.

Wer ein BZ außerhalb des Körpers hat, lebt in seiner Antenne, in seinem Wahrnehmungsfeld. Es ist daher nicht verwunderlich, dass dieser Mensch in seiner Umgebung vieles wahrnimmt. Das große Problem besteht darin, dass es ihm oft viel schwerer fällt, sich selbst wahrzunehmen. Mit einem BZ, das außerhalb des Körpers liegt, können Sie sich also gut in andere einfühlen. Sie wissen, was sie brauchen. Aber es ist viel schwieriger, sich selbst zu verstehen, zu wissen, was Sie wirklich wollen und was wichtig für Sie ist. Die Wahrnehmung ist ja nach außen gerichtet, nicht nach innen, nicht nach dem Herzen, wo Sie sich selbst fühlend wahrnehmen können, wo Sie erfahren, was wichtig für Sie ist, wo Sie wissen, was gut für Sie ist und was nicht gut für Sie ist. Dies ist ein Kernproblem, das wir bei sehr vielen Menschen feststellen, deren BZ außerhalb des Körpers liegt. Nach unserer Erfahrung gilt: Je weiter das BZ außerhalb des Körpers liegt (gemessen mit unseren Tests), desto weniger Kontakt hat der Mensch mit sich selbst.

Lilian ist 6 Jahre alt. Ihr BZ liegt 11 Meter außerhalb, ihre Aura hat 16 Meter Durchmesser. Es ist heiß, und sie hat Lust auf ein Eis. Sie hört die Glocke des Eiswagens, der um diese Zeit immer durch die Straße fährt. Sie fühlt nach ihrer Mutter ... Nein, heute bittet sie Mama lieber nicht um ein Eis.

Lilian hat ihren Wunsch gar nicht ausgesprochen, weil sie spürt, dass ihre Mutter ihr kein Geld geben wird. Dies ist ein sehr wichtiger Vorgang, den wir verstehen müssen. Ein anderes Kind würde rufen: „Mama, kriege ich ein Eis?" Vielleicht quengelt oder weint es. Auf jeden Fall gibt es nicht so schnell auf. Lilian hat ihren Wunsch aufgegeben, noch ehe sie ihn geäußert hat. Ihre Antenne nimmt wahr, in welcher Stimmung ihre Mutter ist. Die Antenne merkt auch, wie die Mutter auf Lilians Gedanken reagiert. Sie fühlt oder weiß, ob Mama ansprechbar ist oder nicht. Das ist möglich, weil auch Gedanken Kräfte, also Energiefelder sind. Jeder Gedanke hat seine eigene Ausstrahlung. Lilians empfindliche Aura registriert die Reaktion der Mutter auf das Energiefeld der Gedanken. Sie nimmt also nicht nur ausgesprochene Gedanken, sondern auch Gedanken als Energiefelder wahr. Stellen Sie sich vor, Sie könnten immer fühlen, wie jemand auf Ihre Gedanken und Gefühle reagiert, ob jemand für Sie offen oder eher verschlossen ist. Nehmen wir an, Sie sind 5 Jahre alt und wissen genau, wie Ihre Mutter auf Ihre Gedanken und Gefühle reagiert. Sie nehmen also nicht nur ihre äußeren, sichtbaren Reaktionen wahr, sondern auch ihre inneren. Die empfindliche Aura kümmert es nicht, ob die äußere Welt etwas vor ihr verbergen will. Man könnte sagen, dass die Antenne eine Art Röntgengerät ist, das durch Äußerlichkeiten dringt und das Innere bloßlegt. Was würden Sie tun?

Viele Kinder passen sich an; denn sie brauchen die Zuwendung und die Liebe ihrer Eltern. Lieber anpassen und geliebt werden, als dem eigenen Selbst folgen und weniger geliebt werden. Im Laufe der Zeit wird die Aura immer sensitiver und stimmt sich immer besser auf die Wünsche der Eltern ab. Das Kind ordnet sich unter. Es wird immer schwerer, die Frage zu beantworten: „Wer bin ich, und was will ich wirklich?" So wird das sensible Kind immer mehr zu einem angepassten Menschen, der sich nach anderen richtet. Die Eltern finden dieses Kind lieb – pflegeleicht.

Eine andere mögliche Reaktion ist: „Wenn du mich nicht liebst, dann eben nicht!" Das Kind hört auf, um die Liebe der Mutter oder des Vaters zu werben. Dadurch löst es sich von den Eltern, und schließlich lehnt es sich gegen sie auf. Es ist wütend und launisch. Es reagiert nicht mehr auf die Erziehungsbemühungen der Eltern, sondern geht seinen eigenen Weg.

Kinder, die sich immer angepasst haben, sind in der Pubertät zu einem schwierigen Spagat gezwungen. Einerseits sollen sie selbständig werden und sich von Vater und Mutter lösen; andererseits sind sie so auf die Eltern eingestimmt, so sehr mit ihnen verbunden, dass es ihnen schwerfällt, eine eigene Identität zu entwickeln. Manche Kinder reißen sich dann gewaltsam los und sind nicht mehr erreichbar. In diesem Alter richten sie sich dann nach anderen Jugendlichen. Sobald sie das Wertesystem der Eltern über Bord geworfen haben, geraten sie in gefährliches Fahrwasser. Es kann sein, dass sie sich jungen Leuten anschließen, die Drogen nehmen, zu viel Alkohol trinken, sexuell zu aktiv sind oder die Schule schwänzen. Das kann für ein Kind eine sehr gefährliche Phase mit erheblichen Folgen für das spätere Leben sein. Das alles lässt sich verhindern, wenn es lernt, sein Energiesystem so zu steuern, dass es nicht mehr ganz auf die Eltern abgestimmt ist, sondern sich mehr nach innen wendet. Dann ist die Loslösung viel ungefährlicher und letztlich auch viel weniger schmerzlich für das Kind. Es ist immer wieder eine schöne Aufgabe, solchen Kindern zu helfen.

Kinder, die sich nicht losreißen, bleiben auf ihre Eltern eingestimmt. Das sind gehorsame Kinder. Wie wählen sie ihre Zukunft? Wie wählen sie ihren Lebenspartner und ihren Beruf? Wie gehen sie mit ihrem Chef und ihren Arbeitskollegen um? Wenn das alte Muster bestehen bleibt, stimmen diese Menschen sich auch als Erwachsene auf ihre Umwelt ein. Sie passen sich an, und zwar ohne Mühe, weil sie das immer getan haben. Doch manchmal geht es ihnen auf die Nerven, dass sie sich immer nur anpassen, und sie fühlen sich leer, sie suchen nach ihrem wahren Selbst. Das ist gar nicht so einfach; denn wie geht man nach Norden, wenn die Füße nach Süden zeigen? Wie richtet man die Aufmerksamkeit nach innen, wenn die Antenne sich nach außen richtet? Aber nehmen wir an, es gelingt einem solchen Menschen, engeren Kontakt zu sich selbst und zu seinem Lebensziel herzustellen. Was kann er *tun?* Viele Erwachsene stellen sich diese Frage erst, wenn das Leben bereits eine feste Form angenommen hat. Sie haben einen Partner oder eine Partnerin; einen Beruf, der ein sicheres Einkommen bietet; ein Diplom, das leider die Tür zu Berufen öffnet, die nicht der inneren Wahl entsprechen. Vielleicht bevorzugen sie auch eine Ernährung, die überhaupt nicht zu ihnen passt. Kurz gesagt: Diese Menschen haben plötzlich viel zu bewältigen. Und das ist in solchen Situationen gar nicht so einfach.

Wenn die Aura groß ist und das BZ sich in ihr befindet, hat dies mehrere Probleme zur Folge. Das Hauptproblem ist, dass Sie sich zwar gut in andere hineinversetzen können, aber Schwierigkeiten haben, mit sich selbst tiefen Kontakt aufzunehmen und danach Ihrem Leben Form zu verleihen. Dieses Ungleichgewicht hat Folgen in allen Lebensbereichen.

Es wird viel über „Indigokinder" oder „Kinder des neuen Jahrtausends" geschrieben, und oft gilt deren Empfindsamkeit als Folge einer höheren Entwicklungsstufe. Bisweilen mag das zutreffen; aber unserer Meinung nach ist die Sensibilität viel häufiger auf eine zu große Aura und falsch ausgerichtete Chakras zurückzuführen. Diese Kinder brauchen Hilfe, damit sie lernen, ihr Energiefeld zu harmonisieren. Wird das nicht erkannt, ist die Gefahr groß, dass bei den Kindern umso mehr Probleme auftreten, je älter sie werden. Wir sehen viele Kinder mit einer Aura von 5 bis 15 Metern. Die hypersensiblen Erwachsenen, die in unsere Praxis kommen, haben meist eine noch viel größere Aura. Das deutet darauf hin, dass die empfindliche Aura, die in der Kindheit etwa zehn Meter Durchmesser hat, in der Pubertät weiter wächst und im Erwachsenenalter einige Dutzend Meter groß wird. Die Aura wächst also weiter, weil sie benutzt wird. Erwachsene benutzen die Aura immer noch als Antenne und vergrößern sie sogar. Je früher diese Angewohnheit bei einem Kind behoben wird, desto besser. Allerdings braucht das Kind dafür eine gute Grundlage; das heißt, dass seine Umgebung ihm genügend Sicherheit bieten muss, damit es auf die große Antenne verzichten kann. Hat das Kind die große Aura des Vaters oder der Mutter imitiert, kann es lernen, seine Aura kompakter zu machen, sobald die Eltern ihre eigene Aura besser im Griff haben. Ist die große Aura eine Folge von häuslicher Unsicherheit, dürfte Hilfe erst möglich sein, wenn das Kind als junger Erwachsener eine eigene Wohnung hat.

DAS BZ LIEGT IN DER NÄHE DER AURAGRENZE

Eine Aura hat eine Grenze. Nehmen wir an, diese ist vom Körper 30 Meter entfernt. Das BZ kann sich nahe am Körper, aber auch am Rande der Aura befinden. Wir haben bereits über Menschen gesprochen, deren BZ nicht an der Grenze der Aura liegt. Beispielsweise eine Aura, die 30 Meter groß ist, und das BZ rund zwanzig Meter vom Körper entfernt. Was geschieht nun, wenn das BZ sich zur Auragrenze hin verlagert? Dann sprechen wir von einer Krise, von einer tiefen

Lebenskrise. Man könnte sagen, dass die Seele das Leben nicht mehr erträgt und flieht. Dann ist es schwer, das Leben in den Griff zu bekommen. Der Mensch ist *verdünnt*. Seine Konzentration nimmt ab. Er fühlt sich leer und oft auch einsam. Da der Kontakt mit dem Inneren schwach ist, fühlt er sich ängstlich und mitunter auch verwirrt.

DAS BZ LIEGT AUSSERHALB DER AURAGRENZE

Manchmal zeigt der Test, dass das BZ eines Menschen sich außerhalb seiner Aura befindet. Das kann ein Persönlichkeitsmerkmal sein, aber auch ein Zeichen für eine zeitlich bedingte, tiefe Krise, die dringend behoben werden muss. Ein solcher Mensch fühlt sich extrem schlapp; er geht nicht, sondern schwebt. Die Emotionen sind oft stark, der Gedankenstrom ist nicht zu stillen. Wenn Sie mit einem solchen Menschen reden, haben Sie vielleicht den Eindruck, dass er in einer anderen Welt lebt. Und wenn Sie dieses Phänomen einmal bei jemandem erkannt haben, erkennen Sie es immer wieder. Es ist unübersehbar. Man könnte meinen, der andere komme von einem anderen Planeten und laufe hier ein wenig verwirrt herum. Unsere Klienten drücken es so aus:

Dann werde ich hinauskatapultiert.

Ich bin gar nicht da.

Ich bin fort.

Dann hänge ich heraus.

Ich fühle mich so leer.

Ich fühle mich weit weg.

Ich habe das Gefühl, nicht in diese Welt zu gehören.

Dann habe ich keine Lust mehr zu leben.

Mir wird dann schwindlig. Manchmal wird mir schwarz vor den Augen.

Das sind Aussagen von Menschen, die „verdünnt" sind. Sie haben den Kontakt mit ihrem Körper verloren.

Ein fluktuierendes BZ

Die Aura und das BZ sind dynamisch; sie sind ständig in Bewegung. Eine Aura kann plötzlich größer oder kompakter werden. Das BZ kann sich verlagern. Innerhalb weniger Minuten sind also große Bewegungen möglich. Manche Menschen sind in dieser Hinsicht stabiler, andere weniger konstant. Bei Letzteren wechseln die Werte für die Aura und das BZ erheblich, je nach Gemütszustand. Wenn die Aura wächst, wird die Antenne empfindlicher. Dann können Sie die Umwelt genauer wahrnehmen. Das kann auch eine Flucht sein; denn je weiter Sie nach außen gehen, desto weniger fühlen Sie sich selbst. Genau das geschieht mit kleinen Kindern, die ihre Aura vergrößern, weil ihre Umgebung unsicher ist.

Die 5-jährige Ilse hört ihren Vater die Treppe hinaufsteigen. Sie liegt im Bett und fürchtet sich vor ihrem Vater. Ihre Aura greift hinaus. Jetzt kann sie besser wahrnehmen, in welcher Stimmung ihr Vater ist. Sich selbst spürt sie nicht so gut. Wenn der Vater sie jetzt anfasst, nimmt sie den körperlichen Schmerz, die Wut, die Verwirrung, ihren Kummer und ihre Einsamkeit nicht mehr so deutlich wahr.

Wenn ein Mensch sich seinem Schmerz nicht stellen will, kann er seine Aura verdünnen. Das ist eine wirksame Methode, um weniger zu fühlen. Der Preis für diese Strategie ist jedoch sehr hoch. Wer nicht fühlt, stagniert in seiner Entwicklung. Wenn das nur gelegentlich vorkommt, sind die Folgen überschaubar; aber wenn daraus eine Gewohnheit wird, häufen sich die Probleme. Es ist, als würden Sie Ihre Post nicht öffnen, weil Sie die Rechnungen ohnehin nicht bezahlen können. Tatsächlich kommt es vor, dass Klienten von uns ein halbes Jahr lang keine Rechnung und keinen Kontoauszug lesen. Dann sind die finanziellen Probleme bereits aus dem Ruder gelaufen. Der Gerichtsvollzieher geht ein und aus. Man stelle sich vor, was geschieht, wenn jemand nicht nur ein halbes Jahr, sondern ganz zu fühlen aufhört. Dann stapeln sich die emotionalen Probleme bis zur Decke. Manche Menschen verlassen ihren Körper bei jeder Konfrontation. Sie sind wie Jojos: rein, raus …

Sandra nimmt an unserem Seminar „Das Leben ist hart – mehr Liebe in deinem Leben" teil. Es ist der dritte Tag. Wir machen eine Übung ...

„Konzentriert euch auf das Herz. Was fühlt ihr dort? Nichts ist falsch. Ihr braucht nichts zu verändern."

Sandra atmet plötzlich tief. Sie ist unruhig. Wir sehen, dass sie den Kontakt mit sich selbst verliert. Bei der Nachbesprechung sagt sie: „Es kam mir dort so dunkel vor. Dann war ich auf einmal nicht mehr dort. Ich ging hinaus. Das mache ich immer, wenn ich etwas fühle, was mir nicht gefällt."

Eine Aura kann sich auch dann verändern, wenn Sie in eine neue Situation geraten. Vielleicht haben Sie Ihre Aura normalerweise im Griff, aber sie wird in bestimmten Situationen viel größer. Dabei handelt es sich häufig um starke, alte Konditionierungen. Ellen ist dafür ein klassisches Beispiel:

Ellen ist 36 Jahre alt. Im vergangenen Jahr hat sie hart gearbeitet, um ihre Aura in den Griff zu bekommen. Die Aura ist jetzt längst nicht mehr so dünn wie früher. Dann geht sie zu ihren Eltern, die ein Familienfest feiern. Schon nach zehn Minuten merkt sie, dass ihre Aura viel dünner geworden ist.

DIE BEZIEHUNG ZWISCHEN AURA UND BZ

Die Aura und das BZ sind miteinander verbunden. Wenn das eine Energiefeld sich bewegt, beeinflusst es das andere. Wenn die Aura ihren Umfang verändert, dann ändert sich die Position des BZ. Es gibt einige Muster, die uns bei Menschen oft auffallen. Aber jeder ist einmalig. Jeder Mensch hat mit seinem Körper eine einzigartige Verbindung und geht auf seine ganz persönliche Weise mit seinen Lebensproblemen um. Darum können wir keine allgemeingültigen Regeln aufstellen. Wir müssen bei jedem Menschen genau untersuchen, wie es in ihm aussieht. Die Einzigartigkeit ist viel wichtiger als allgemein verbreitete Aspekte, denn sie sagt etwas über den Menschen aus, der vor uns steht. Das Allgemeine sagt darüber vielleicht gar nichts aus;

aber das wissen wir erst, nachdem wir das Einzigartige erforscht haben. Denken Sie daran, wenn wir nun Beobachtungen wiedergeben, die wir ziemlich häufig machen.

Flucht, weil das Leben unerträglich ist.

Der Kontakt mit dem Körper wird manchmal schwächer, weil ein Mensch seine Situation nicht mehr aushält. Er flüchtet, fort vom Körper, damit er nicht mehr fühlt, was er keinesfalls fühlen will. Das kommt häufig vor. Es ist typisch geworden. Manche Menschen schnellen bei der geringsten Konfrontation aus ihrem Körper.

Die Aura wächst, und das BZ verlagert sich nach außen.

Das ist schon zu beobachten, wenn das Wachstum der Aura beginnt. Ein Kind fühlt sich unsicher. Die Aura wächst, und der Ort der Wahrnehmung verlagert sich vom Körper nach außen. Das setzt sich fort, wenn die Aura sich weiter ausdehnt.

Die Angst nimmt zu, und das BZ flüchtet an den Rand der Aura.

Durch die Flucht an den Rand der Aura wird der Kontakt mit dem Körper schwächer. Die Emotionen werden undeutlicher wahrgenommen. Aber der Betroffene nimmt die Schwingungen anderer besser auf. Die Folge kann eine große Unsicherheit sein, die den Fluchtimpuls noch verstärkt.

Extreme Angst treibt das BZ aus der Aura hinaus.

Das ist eine ernste Störung. Um sie zu beheben, müssen wir sofort handeln.

Die Aura wird kompakter, und das BZ verlagert sich zum Körper hin.

Wenn die Situation es erlaubt, wird eine Aura wieder kompakter. Das BZ rückt dann näher an den Körper heran. Das sehen wir oft. Andererseits kommt es aber auch häufig vor, dass das BZ den Rand der Aura aufsucht, wenn Menschen lernen, ihre Aura kompakter zu machen. Das liegt daran, dass die kompaktere Aura ungewohnt ist – das BZ findet sie ziemlich eng.

Wenn das BZ in den Körper zurückkehrt, nimmt die Aura fast wieder das normale, also für diesen Menschen ideale Ausmaß an. Oft bleibt sie dann noch ein paar Meter zu groß; aber das ist angesichts ihres früheren Umfangs meist verkraftbar.

2.4
DURCHFLUSS UND ERDUNG

Neben der Aura und dem BZ testen wir meist noch zwei andere Aspekte, nämlich den Durchfluss und die Erdung. Wenn Sie diese Phänomene verstehen, wird Ihnen klarer, was bei Überempfindlichkeit vorgeht und was das mit Schwingungsresonanz und dem Umgang damit zu tun hat.

DURCHFLUSS

Ein Mensch nimmt am Scheitel (am Kronenchakra) viel Energie auf. Sie ist Nahrung für das feinstoffliche System. Diese Energie fließt durchs Rückgrat und verteilt sich dann im ganzen Körper. Strömt die Energie, die am Scheitel aufgenommen wird, schnell nach unten, oder stößt sie auf Hindernisse? Das wollen wir herausfinden, wenn wir den Durchfluss prüfen. Wir testen mit einer Skala von 0 bis 10. Null bedeutet, dass der Durchfluss fast blockiert ist. Zehn heißt, dass die Energie ungestört fließt. Bei Menschen, deren BZ in der Aura liegt, zeigt dieser Test regelmäßig, dass der Durchfluss nicht optimal ist. Wenn sie zum ersten Mal zu uns kommen, ist der Durchfluss meist massiv behindert. Das bedeutet, dass die Energie zwar in den Kopf strömt, aber nicht hinreichend nach unten. Deshalb bekommt der Kopf zu viel Energie. Was geschieht mit dieser Energie? Sie stärkt die dort ablaufenden Funktionen, also das Denken und die Erzeugung innerer Bilder. Die Gedanken werden dann sehr unruhig. Viele Menschen grübeln dann ständig, was mitunter den Schlaf stört. Auch ein anderer Aspekt spielt eine Rolle: Was der Kopf an Gedanken und Bildern produziert, muss der Rumpf verarbeiten. Die Chakras (mehr darüber später) und die Organe arbeiten jeweils auf ihre Weise dabei mit. Wenn die Energie aus dem Kopf nicht in ausreichender Menge nach unten fließt, wird sie im Rumpf ungenügend verarbeitet. Mit anderen Worten: Der Kopf erzeugt immer mehr Gedanken, aber der Rumpf verarbeitet sie kaum noch. Das erinnert mich an einen Job, den ich einst als Student hatte. Ich stand am Fließband einer Fabrik, die unter anderem Toilettenpapier produzierte. Ich musste die fertigen Packungen vom Band nehmen und auf einer Palette stapeln. Manchmal kam ich nicht mit und wurde mit Toilettenpapier überschwemmt. In solchen Augenblicken war ich die Blockade im Verarbeitungsprozess am Fließband. Das Gleiche geschieht, wenn Gedanken Sie überfluten und Ihre Energie nur teilweise nach unten strömen kann.

Wenn dieser Durchfluss nach unten zu schwach ist, hat das Folgen für den Rest des Körpers. Dieser bekommt dann weniger Lebensenergie. Alle Funktionen des Körpers werden dadurch gehemmt. Auf der Mittellinie des Körpers befinden sich sieben Hauptchakras. Das oberste, das Kronenchakra, ist das Tor, durch das Energie in den Körper strömt. Ganz unten liegt das Wurzelchakra. Das Kronenchakra reguliert die feinstofflichen Aspekte unseres Lebens. Es ist von Bedeutung für die Spiritualität – bis in die höchsten Formen – und für das Denken. Das Wurzelchakra kümmert sich um die grobstofflichsten Aspekte. Hier geht es um eine Arbeit, bei der Sie genug verdienen, ein Haus, in dem Sie wohnen, den Abwasch, Einkäufe, die Erziehung der Kinder und so weiter. Das Thema ist also die praktische Seite des Lebens. Wie Sie sehen, sind das durchaus keine unwichtigen Dinge: Einkommen, Beruf, Unterkunft und anderes. Das ist die Basis des Lebens, und darum wird das unterste Chakra auch Basischakra genannt. Mit den höheren Chakras denken Sie; mit dem Wurzelchakra verleihen Sie den Gedanken materielle Form und sorgen dafür, dass der eine oder andere Plan auch ausgeführt wird. Das macht deutlich, wie wichtig es ist, dass die Energie ungehindert von oben nach unten fließen kann.

ERDUNG

Energie fließt vom Kronenchakra zum Wurzelchakra. Von dort strömt sie durch die Beine ins Fußchakra und dann in die Erde. Wie gut ist dieser Durchfluss? Auch das testen wir kinesiologisch auf einer Skala von 0 bis 10. Null steht wieder für eine weitgehende Blockade, zehn steht für optimalen Durchfluss. Gute Erdung bedeutet, dass wir auf der Erde sein und das Leben meistern wollen, mit allen seinen Extremen, Feinheiten und Schmerzen. Je besser die Erdung ist, desto kräftiger fließt die Energie durch den Körper in die Erde. Man könnte einen Menschen mit einer Glühlampe vergleichen: Am einen Pol (Krone) strömt die Energie (Elektrizität/feinstoffliche Energie) ein, und am anderen Pol (Wurzel) verlässt sie den Körper. Eine Lampe spendet Licht und Wärme, wenn die Energie ungehindert durch den Glühfaden fließen kann. Auch der Körper arbeitet optimal, wenn die Energie frei fließt. Wenn wir vor der Lampe einen Widerstand in Form eines Dimmers anbringen, hängt die Lichtstärke von der Einstellung des Schalters ab. Und je größer unser innerer Widerstand gegen die Erdung ist, desto schwerer fällt es uns, die Energie, die an der Krone einströmt, bis ins Wurzelchakra und von dort weiter in Mutter Erde fließen zu lassen.

Man kann diese Vorgänge auch spiritueller beschreiben. Jeder Mensch hat eine Seele, die auf die Erde kommt, um sich weiterzuentwickeln. Darum ist es wichtig, dass sie im materiellen Körper gut verankert ist. Der materielle Körper ist dann das Vehikel der Seele, und die Seele steuert ihn. Diesen Prozess nennen wir Inkarnation, was wörtlich „ins Fleisch gehen" bedeutet. Je aufrichtiger die Seele Ja zum Leben auf Erden sagt, desto geschmeidiger verläuft die Inkarnation. Ist der Widerstand groß, hält die Seele Abstand vom Leben auf der Erde – sie lebt hier „unter Protest", sie schaut eher zu, anstatt das Ruder fest in die Hand zu nehmen und sich dem Leben zu stellen. In diesem Fall sind Probleme unvermeidlich. Das Leben geht schließlich weiter; es wartet nicht darauf, dass die Seele sich zum Leben auf Erden bekennt und ihre Aufgaben anpackt. Solche Menschen fühlen sich manchmal als Opfer. Alles, was geschieht, belastet ihre Seele. Die Lösung besteht darin, die Verantwortung für das Leben zu übernehmen. Jede spirituelle Überlieferung bestätigt, dass der Mensch für sein

Leben selbst verantwortlich ist. Nichts ist zufällig, alles ist das Produkt unseres Handelns in der Vergangenheit. Wenn wir vorwärts kommen wollen, müssen wir uns dem Leben stellen und die Verantwortung tragen.

DURCHFLUSS, ERDUNG, BZ, AURA

Wir haben vier Aspekte besprochen: den Durchfluss, die Erdung, das BZ und die Aura. Nachfolgend fassen wir zusammen, in welcher Beziehung diese Elemente untereinander stehen.

Sicherheit ist im Leben des Menschen ein sehr wichtiges Thema. Sie ist eng mit Liebe verbunden. Wenn wir geliebt werden, fassen wir Mut. Ist die Welt dagegen unsicher, fällt uns das Leben viel schwerer. Wir wollen das Leben nicht so empfinden, wie es ist – unsicher. Darum verlagern wir das BZ nach außen in die Aura. Das hat zwei große Vorteile: Wir fühlen unseren Körper nicht mehr so deutlich und haben gleichzeitig unsere unmittelbare Umgebung besser im Griff. Das gibt uns ein wenig mehr Sicherheit. Nichts ist so unerträglich, als keine Ahnung zu haben, wann die Dunkelheit zuschlägt – egal in welcher Form. Je dünner die Aura wird, desto schwächer wird unser Kontakt mit dem Körper, und das BZ entfernt sich weiter von ihm. Die Energie, die durch die Krone in den Körper fließt, strömt dann nicht mehr ungehindert nach unten – andernfalls hätten wir mehr Kontakt mit dem Körper. Aber wir wollen keinen engeren Kontakt, weil wir uns dann selbst deutlicher fühlen würden. Das Gefühl der Unsicherheit bewirkt, dass wir mehr oder weniger einer Katze im Baum gleichen. Wir wollen uns im Körper nicht tief inkarnieren. Wir vertrauen uns der Erde nicht hinreichend an. Wir trauen uns nicht, dem Leben gegenüberzutreten, sondern bleiben lieber etwas „dünn". Deshalb ist die Erdung gering bis sehr schlecht.

2.5
ZUSAMMENFASSUNG

In diesem Kapitel haben wir die Aura besprochen. Wir haben gesehen, dass sie sehr dünn, aber auch kompakter sein kann. Eine dünne Aura ist eine sehr empfindliche Antenne, die uns mit den Energiefeldern anderer Menschen verbindet, oft noch in einem Abstand von mehreren Dutzend Metern.

Das Thema dieses Buches ist die Schwingungsresonanz. Es besteht auch eine Interaktion mit der Energie von anderen, die für uns nicht gut ist oder uns sogar schadet. Das alles erklären wir in Kapitel 4 und 5. Im folgenden Kapitel 3 untersuchen wir einen anderen Aspekt des Energiekörpers, nämlich die Hauptchakras.

3
DIE HAUPTCHAKRAS ALS ZENTREN DER KOMMUNIKATION MIT UNSERER UMWELT

Im vorigen Kapitel haben wir festgestellt, dass der Mensch seine Aura benutzt, um mit seiner Umgebung zu kommunizieren. So wie der materielle Körper mehrere Sinnesorgane besitzt, um mit seiner Umgebung Kontakt aufzunehmen, ist auch der feinstoffliche Körper sehr vielseitig. In diesem Kapitel geht es um die sieben Hauptchakras, die kleinen Fabriken, die Energie verarbeiten und weiterleiten, entweder nach innen, in den Körper, oder nach außen, zu anderen Menschen hin. Im Folgenden beschränken wir uns auf die Kommunikation mit anderen. Kernthema unseres nächsten Buches wird es sein, dass wir nicht nur mit Menschen kommunizieren.

DIE SIEBEN HAPTCHAKRAS

Der Körper besitzt sehr viele Chakras. Das sind Orte, an denen Energiebahnen im Körper zusammenlaufen und die Energie verarbeitet und verteilt wird. Die sieben wichtigsten Chakras nennen wir Hauptchakras. Sie befinden sich alle nahe an der Wirbelsäule, denn um diese schlingen sich zwei Kanäle (Nadis), die für feinstoffliche Energieverbindungen im Körper sehr bedeutsam sind: Ida und Pingala.

Ida und Pingala symbolisieren die Dualität des Lebens. Pingala ist das männliche Prinzip, Ida das weibliche. Pingala ist mit dem Sympathikus verbunden, jenem Teil des autonomen Nervensystems, das körperliche Vorgänge anregt. Ida hängt mit dem Parasympathikus zusammen, dem Teil des Nervensystems, der Prozesse im Körper hemmt. Jeder körperliche Vorgang wird vom Sympathikus und vom Parasympathikus zugleich beeinflusst. Jeder Vorgang empfängt also gleichzeitig anregende und hemmende Signale. Das stärkste Signal setzt sich durch.

Dort, wo die beiden Nadis Ida und Pingala sich berühren, befinden sich sehr wichtige Energieknotenpunkte und Organe – nicht Organe aus Fleisch und Blut, sondern feinstoffliche Organe, Chakras genannt.

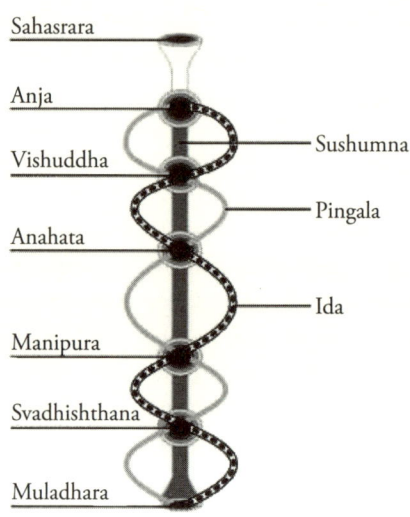

Sahasrara

Anja

Vishuddha — Sushumna

Anahata — Pingala

— Ida

Manipura

Svadhishthana

Muladhara

Die Hauptchakras befinden sich dort, wo Ida und Pingala einander berühren.

Sie durchdringen den materiellen Körper, einfach deshalb, weil sie auf einer subtileren Ebene existieren. Auch das Sonnenlicht kann ja mühelos eine Fensterscheibe durchdringen. Die Chakras strahlen nach vorne und hinten. Davon gibt es zwei Ausnahmen: das oberste (Kronenchakra) und das unterste (Wurzelchakra). Das oberste strahlt nach oben, das unterste nach unten.

Die Abbildung ist mit den traditionellen indischen Namen der sieben Hauptchakras beschriftet. Die Sprache ist Sanskrit, eine alte indische Sprache.

Chakras haben viele Aufgaben. Zu ihren Hauptfunktionen gehören das Senden und Empfangen feinstofflicher Signale. Durch die Chakras empfangen wir also Informationen über andere Menschen.

Wir leben im Informationszeitalter. Den ganzen Tag lang können wir über zahlreiche Medien und vor allem natürlich über das Internet unbegrenzt Informationen aufnehmen. Wir wissen, dass wir eine Auswahl treffen müssen. Beim Fernsehen ist das leicht: Wir haben die

Wahl zwischen einer bestimmten Zahl von Sendern. Den Sender, den wir einstellen, sehen wir auf dem Bildschirm. Um sinnvolle Informationen zu bekommen, müssen wir sehr wählerisch sein. Im Prinzip können wir auch entscheiden, welche Information wir empfangen und welche nicht.

Chakras von unten nach oben	Sanskrit-Namen	deutsche Bezeichnung
1. Chakra	Muladhara	Basis- oder Wurzelchakra
2. Chakra	Svadhishthana	Geschlechtschakra
3. Chakra	Manipura	Sonnengeflecht
4. Chakra	Anahata	Herzchakra
5. Chakra	Visuddha	Kehlchakra
6. Chakra	Ajna	Stirnchakra
7. Chakra	Sahasrara	Kronenchakra

Die Sinnesorgane stehen vor einer vergleichbaren Aufgabe. Durch die Augen nehmen wir beispielsweise unablässig eine Flut von Informationen auf. Diese werden gründlich gesiebt und dann erst weitergeleitet – andernfalls würden wir den Verstand verlieren. Das Gleiche gilt für die Ohren. Die meisten Geräusche in der Umwelt nehmen wir gar nicht bewusst wahr. So schützen wir uns vor Überreizung und sorgen dafür, dass wir zielstrebig arbeiten können. Das alles spielt sich außerhalb des Bewusstseins ab.

Genau so verhält es sich mit den Chakras. Sie könnten über Ihre Chakras ständig eine unbegrenzte Menge von Informationen aufnehmen, ohne es zu wissen. Aber was hätten Sie davon? Wahrscheinlich würden Sie dabei durchdrehen. Auswahl ist also das Schlüsselwort. Aber wie wählen Sie aus? Welche Information ist für Ihr Energiesystem wichtig, welche unwichtig? Damit sind wir beim Kern des Themas. Das System hat hierfür spezifische Kriterien, die eng mit dem Überleben der Art – des Menschen – zusammenhängen. Wenn das

System gelernt hat, dass es Unsicherheit gibt, sucht es ständig nach Unsicherheit. Dabei spielen zwei Faktoren mit. Erstens kommt es darauf an, wie unsicher eine Situation war. Gewalt in jeder Form wird als extrem unsicher empfunden. Zweitens ist wichtig, wie oft die Gewalt vorkommt. Ein Streit zwischen Vater und Mutter ist für ein Kind unangenehm, wenn die Ehe ansonsten gut ist. Aber wenn die beiden sich andauernd streiten, fühlt das Kind sich unsicher. Das System sucht also nach Unsicherheit. Aber wie? Indem es die Chakras wie Antennen auf negative Energie abstimmt. So wie die Ohren selektiv wahrnehmen, können auch Chakras sich auf eine bestimmte Energie konzentrieren. Manche Kinder sind auf das Licht abgestimmt. Sie suchen den Honig und genießen ihn in vollen Zügen. Das sind positive, entspannte Kinder mit einer frohen, optimistischen Einstellung. Andere Kinder prüfen, ob beim Vater oder bei der Mutter Dunkelheit herrscht. Sie leben in Angst und Unsicherheit, nicht im Überfluss, sondern in engen Grenzen. Ihr Energiesystem bemüht sich, sie vor möglichen Gefahren zu schützen. In gewisser Weise ist dies eine sinnvolle und nützliche Strategie.

Der Nachteil ist, dass die Antenne bisweilen auf die Dunkelheit eingestellt bleibt, selbst wenn es nicht mehr notwendig ist. Wir können überall Böses wahrnehmen. Aber wenn wir unsere Antenne danach ausrichten, fühlen wir uns unbehaglich, unsicher und vielleicht unglücklich. Wenn die Antenne ständig nach Dunkelheit sucht, verpassen wir viele gute und schöne Dinge im Leben, vor allem wenn wir erwachsen sind und ein eigenes Leben führen können. Vielleicht haben wir uns eine sichere Umwelt geschaffen, und die Chakras suchen dennoch nach Dunkelheit – und die ist nun einmal überall zu finden. Das ist die alte Konditionierung, die immer noch wirkt.

Das Dunkle ist ein Energiefeld. Es ist da. Es ist real. Es ist für Ihre Antennen greifbar und wahrnehmbar, sofern Sie die Antennen darauf abstimmen. Und wenn Sie das tun, verbinden Sie sich mit diesem dunklen Feld und nehmen es in sich auf. Kein Wunder, dass Sie sich mies fühlen, dass Sie sich fürchten und keine Lebenslust mehr haben. Kein Wunder, dass alles, was Sie normalerweise mühelos bewältigen würden, plötzlich zur schweren Last wird.

LICHT UND DUNKELHEIT

Die Welt, in der wir leben, ist von dualer Natur. Das heißt, alles besteht aus Paaren von Gegensätzen. Probieren Sie es aus. Was immer Sie denken, Sie können auch das Gegenteil denken. Das Kernpaar ist Licht kontra Dunkelheit. Man kann auch Liebe kontra Lieblosigkeit sagen. Liebe bedeutet Gemeinsamkeit, Verbindung, Einheit. Lieblosigkeit ist Teilung, Scheidung, Trennung vom Ganzen. Das ist überall in der Gesellschaft erkennbar. Das Fernsehen sendet zahllose Filme, in denen es um Gewalt und den Schutz vor Gewalt (meist wieder durch Gewalt) geht. Selbstverständlich handeln diese Streifen von Liebe und Liebesleid. Viele Dokumentarfilme berichten, was auf der Welt geschieht, wenn wir uns nicht um das Ganze kümmern. Letztlich geht es darum, ob wir ein Teil des Ganzen sind oder uns nicht um das Ganze kümmern. Dieses Thema hängt eng mit der Spiritualität und der spirituellen Entwicklung zusammen. Der Mensch ist immer auf dem Weg zur Einheit auf jeder Ebene. Das übt er im täglichen Leben in unterschiedlichen Situationen auf vielerlei Weise ein. Das letzte Ziel ist die Verschmelzung mit dem Licht oder die Erleuchtung, wie die Mystiker sagen. Dann erfährt er die Schöpfung als Einheit, als bedingungslose Liebe, als endloses Meer aus Bewusstsein. Das Auffälligste an der Schöpfung ist vielleicht, dass wir völlig frei zwischen Licht und Dunkelheit wählen können. Daher steht es uns auch frei, wonach wir unsere Antennen ausrichten: nach dem Licht oder nach der Finsternis. Beide Möglichkeiten stehen uns jederzeit zur Verfügung. Das Geniale ist das „eingebaute" Feedbacksystem, das Gesetz des Karma, das die christliche Tradition in Worte fasst wie: „Wer Wind sät, wird Sturm ernten" oder „Gutes tun bringt Zinsen". Was wir tun, kommt verstärkt zu uns zurück. Wenn wir Gutes tun, dann widerfährt uns Gutes; wenn wir Böses tun, begegnet uns Böses – unweigerlich. Es ist nämlich unser eigenes Energiesystem, das Energie aussendet und empfängt. Durch unser Handeln im Jetzt sind wir selbst die Regisseure unserer Zukunft.

Ins reine Licht können wir erst eingehen, wenn wir unsere eigenen Belange völlig dem Ganzen unterordnen. Unser gesamtes Bewusstsein dient dann dem Ganzen. „Nicht mein Wille, sondern dein Wille geschehe", drückte Jesus es aus. Ich tue nicht, was mein kleines Ich aus

Eigeninteresse tun will, sondern das, was für das Ganze notwendig ist. Ich nutze meine ganze Kraft für das Gute, für das Ganze. Das ist der christliche Weg. Licht ist die richtige Wahl, wenn wir dem Ganzen dienen wollen. Dunkelheit ist die Wahl des Ichs auf Kosten des Ganzen. Das Licht nennen wir Himmel, die Dunkelheit Hölle. In der Finsternis der Hölle ist die Verbindung mit dem Ganzen und somit auch mit der Liebe unterbrochen, und wir stehen in der Kälte. Dann leiden wir unter den Folgen der Lieblosigkeit: Angst, Hass, Wut, Rache und so weiter. Im Himmel sind wir mit dem Ganzen verbunden. Das erfahren wir als Liebe, als Geborgenheit im Ganzen.

Licht und Dunkelheit bilden die Achse unserer Entwicklung. Darum finden wir beide überall in der Gesellschaft. Wir können ihnen nicht entrinnen, solange wir in der Dualität leben. Dank der Finsternis kennen wir das Licht und können uns für das Licht entscheiden und völlig eins mit ihm werden.

Wenn wir Dunkelheit mit den Chakras wahrnehmen, dringt die Dunkelheit in uns ein und beeinflusst unser Wohlbefinden erheblich. Wir werden ängstlich, wütend, lustlos oder einsam. Manche Menschen befinden sich ständig in diesem Zustand, weil sie immer auf das Dunkle in den anderen abgestimmt sind, oft ohne sich dessen bewusst zu sein. Das ist eben ihre Lebensweise, eine Gewohnheit oder Konditionierung.

Die Dunkelheit mit Chakras wahrnehmen

Alles, was ein Mensch fühlt und denkt, bildet feinstoffliche Felder im Körper und in der Aura. Chakras können die Felder wahrnehmen, wenn sie voll entwickelt und auf die Dunkelheit abgestimmt sind. Betroffene haben oft eine große Aura, die als empfindliche Antenne wirkt. Die Aura und die Chakras arbeiten dann zusammen, um die Umgebung nach negativen Gedanken und Gefühlen abzusuchen.

Ein Hauptakteur auf diesem Gebiet ist das Stirnchakra. Es liegt teilweise zwischen den Augenbrauen und teilweise in der Stirnmitte. Wie die Aura kann auch dieses „dritte Auge" nach außen greifen, um Informationen zu sammeln. Wenn es Dunkelheit findet, gibt es diese Information an die Hormondrüsen in der Kopfmitte weiter. Diese Drüsen steuern den gesamten Hormonhaushalt und das endokrine System. Hormone bestimmen mit, wie wir uns fühlen und ob der Körper auf Kampf oder Flucht vorbereitet ist. Natürlich prüft das System während dieser Kommunikation auch, wie wir früher in vergleichbaren Situationen reagiert haben. In Bruchteilen einer Sekunde überlegt das System auf der Grundlage der bisherigen Erfahrungen, wie die drohende Gefahr einzuschätzen ist und wie es sie am besten abwenden kann. Das Grundgefühl ist verständlicherweise Unsicherheit und Angst. Wir fühlen uns nicht mehr wohl, sondern bedroht. Eine unbestimmte Angst überwältigt uns – oder wir geraten sogar in Panik. Wie dem auch sei – war diese Prüfung wirklich notwendig? Wäre es nicht viel besser gewesen, nach dem Licht zu suchen? Dann hätten wir uns ruhig und sicher gefühlt. Wäre das in der Situation, in der wir uns jetzt befinden, nicht realistischer? Erfreulicherweise können wir die richtige Reaktion lernen. Darauf gehen wir weiter unten noch ausführlich ein.

Auch das Kronenchakra kann gegenüber der Dunkelheit zu weit offen sein und dadurch unser Wohlbefinden schmälern. Aber Sie können lernen, es für die Dunkelheit zu schließen und für das Licht zu öffnen.

3.1
AUFGEZWUNGENE ENERGIE

Iris unterhält sich mit ihrem Nachbarn. Er findet, dass die Hecke, die ihre Grundstücke trennt, kräftig gestutzt werden muss. Iris erklärt höflich, sie sei anderer Meinung. Plötzlich fühlt sie sich ganz sonderbar: kraftlos und etwas benommen. Sie bricht das Gespräch ab und geht ins Haus.

Michael spricht mit seinem Chef. Er hat keine Lust, Überstunden zu machen, aber sein Chef besteht darauf. Michael merkt, dass sein Chef ihm keine Entscheidungsfreiheit zugesteht. Sein Bauch schwillt an und wird hart. Er fühlt sich innerlich unwohl.

Walter sitzt zu Hause auf dem Sofa. Auf einmal ist er gereizt. Am liebsten würde er schreien und jeden Menschen anschnauzen. Er könnte platzen vor Wut.

Was geschieht mit diesen Menschen? Ihr Solarplexus hat unerwünschte fremde Energie aufgenommen, und sie reagieren darauf auf ihre eigene, einzigartige Weise. Das ist ein typisches Beispiel für unreine Energie. Wir wollen den Vorgang Schritt für Schritt erklären. Das Sonnengeflecht ist eines der sieben Hauptchakras. Sein Zentrum liegt oberhalb des Nabels, und es ist so groß wie eine kräftige Faust.

Dieses Chakra reguliert die Ich-Kraft. Diese Kraft brauchen Sie, um Ihr Leben in den Griff zu bekommen, um Ihr eigener Herr zu sein, um mutig Entscheidungen zu treffen und dafür einzustehen. Eine Vergewaltigung ist einer der schlimmsten Angriffe auf die Ich-Kraft eines Menschen. Deshalb ist diese Kraft bei Menschen, die sexuell missbraucht wurden, viel zu gering. Der Solarplexus ist dann schwach. Aber es gibt natürlich noch viele andere Ursachen für eine geringe Ich-Kraft. Mit dieser Kraft können Sie auf anständige Art und Weise durchsetzen, was für Sie wichtig ist, ohne anderen Gewalt anzutun. Manche Menschen benutzen ihre Ich-Kraft, um den Willen anderer zu brechen. Sie haben einen bezwingenden Charakter. Sie wollen, dass andere sich ihnen unterwerfen. Bei solchen Menschen sendet das Sonnengeflecht Energie aus, die andere überwältigt. Nur wenn der andere eine starke Ich-Kraft hat, kann er diese unerwünschte Energie abwehren. Ist die Ich-Kraft jedoch nicht stark genug, dringt die fremde Energie ein, ganz nach dem Motto: „Geh mir aus dem Weg! Hier bestimme ich!"

Was dann geschieht, hängt von der Ich-Kraft und dem Charakter des Angegriffenen ab. Michaels Bauch schwillt an und wird hart. Das ist ein Versuch seines Energiesystems, den Eindringling so gut wie möglich abzuwehren. Wenn die Muskeln sich anspannen, wird der Energiefluss nämlich gehemmt. Michael wehrt sich also. Die einströmende bedrückende Energie macht ihn gereizt.

Walter geht es genauso. Er reagiert zwar nicht gereizt, aber wütend und will am liebsten um sich schlagen. Aber woher kommt diese unerwünschte Energie? Sie stammt von seiner ehemaligen Frau, die 25 Kilometer entfernt wohnt und sich selbst so in Rage gebracht hat, dass sie böse, überwältigende Energie aussendet. Die Entfernung ist in solchen Fällen völlig unwichtig.

Michael und Walter sind Kämpfer. Iris nicht – sie flieht. Während die Energie ihres Nachbarn in ihren Bauch eindringt, zieht sie sich aus ihrem Körper zurück. Deshalb fühlt sie sich kraftlos und benommen.

JEDE MÜNZE HAT ZWEI SEITEN

Wir haben eben beschrieben, wie fremde, unerwünschte Energie zur Belastung wird, wenn Sie sie sich nicht vom Leibe halten können. Es kann aber auch sein, dass *Sie* anderen Energie aufzwingen. Darum sollten Sie wissen, was Sie damit bei anderen bewirken. Ihre Gedanken und Gefühle können andere auch dann beeinflussen, wenn sie weit entfernt sind. Wollen Sie das? Wollen Sie etwas auf diese Weise erreichen? Es ist sehr ehrenvoll, in dieser Hinsicht aufrichtig zu sein.

3.2
ZUSAMMENFASSUNG

In diesem Kapitel haben wir besprochen, dass negative Energie durch die Chakras einfließen und Unheil anrichten kann. Vielleicht haben Sie diese Erfahrung bereits gemacht und suchen nach einer Lösung. Haben Sie noch ein wenig Geduld. Im folgenden Kapitel wollen wir untersuchen, was bei Menschen vorgeht, die Energie verlieren, unreine Energie aufnehmen oder „zerfließen".

4
DAS ZERFLIESSEN DER AURA

Jeder Mensch ist beseelt. Jeder hat etwas ganz Besonderes in sich: seine Quelle, sein inneres Selbst, seinen göttlichen Funken, seinen Atman. Das göttliche Selbst ist die Quelle all dessen, was ist. Es wohnt in jedem Menschen. Nur insofern sind alle Menschen gleich. In jeder anderen Hinsicht unterscheiden wir uns voneinander. Jeder Mensch sucht nach diesem göttlichen Kern in sich. Um ihn dreht sich das ganze Leben. Wie sieht diese Suche aus? Wir wählen ständig zwischen Licht und Dunkelheit. Jeder Mensch trifft seine eigenen Entscheidungen. Darin ist er frei – aber auch voll und ganz verantwortlich. Alle Entscheidungen formen die Persönlichkeit, aber sie hinterlassen auch Narben. Dank dieser Wahlfreiheit ist jeder Mensch einzigartig.

Der göttliche Kern in uns sendet ständig Signale aus: „Ich liebe dich, uneingeschränkt und bedingungslos." Wir können diese Signale als tiefe Liebe spüren. Sie stärkt unser Selbstwertgefühl und unsere Selbstachtung. Wir haben das Gefühl, in dieser Liebe geborgen zu sein, einerlei, was in unserer Umwelt vorgeht. Sie ist das Fundament unserer Existenz …

… sofern wir die Signale zumindest wahrnehmen.

Wenn wir die Signale nicht oder nur sehr selten wahrnehmen, fühlen wir uns leer, einsam, nicht im Leben geborgen. Das Leben ist dann viel schwerer, und wir sind viel weniger vital. Denn Liebe verleiht uns Flügel.

Um die Signale fühlen zu können, müssen zwei wichtige Voraussetzungen erfüllt sein. Erstens muss das Herz ganz offen sein, und wir müssen imstande sein, tief im Herzen zu fühlen. Zweitens müssen wir unsere Aufmerksamkeit nach innen richten. Im Rahmen dieses Buches fragen wir vor allem nach dem Ort des BZ. Liegt es im Herzen oder weit davon entfernt? Wenn sich das BZ weit vom Körper entfernt befindet, ist es schwierig, die Signale unserer inneren Quelle zu empfangen. Wir wenden uns der Außenwelt zu anstatt unserer inneren Welt. Die Aufmerksamkeit hat sich um 180 Grad gedreht. Die Folge ist, dass wir eine gewisse Leere spüren. Das ist immer unangenehm. Also versuchen wir, das Problem zu lösen, und zwar mit der Methode, die wir gut beherrschen: Wir verschmelzen mit dem Energiefeld eines anderen. Wir *werden* ein bisschen der andere. Dann fühlen wir uns weniger allein und einsam. Aber wenn der andere fort ist, fühlen wir uns wieder allein, vielleicht sogar noch mehr.

ZERFLIESSEN

Dies ist eine Aktivität der Aura. Sie kommt vor, wenn die Aura groß ist und wir uns nach Verschmelzung mit einem anderen sehnen. Die Energie fließt dann nach außen und wird auf den anderen abgestimmt, so dass wir ein wenig der andere *werden*. Wir können dieses „Zerfließen" auch mit dem BZ bewirken. Wenn das BZ weit nach außen verlagert ist, können wir unsere Aufmerksamkeit leichter dem Feld des anderen zuwenden, als wenn das BZ sich im Körper oder dicht bei ihm befindet. Wenn Sie mit einem anderen energetisch verschmelzen, fühlen Sie sich mit ihm eins. Das ist einfacher, wenn der andere selbst eine etwas dünne Aura besitzt, und schwieriger bei Menschen, die ein kompakteres Energiefeld haben. Die Verschmelzung geschieht nämlich am Rand der Auras, die dann ein gemeinsames Feld bilden, indem sie sich auf die Schwingung des anderen abstimmen. Oft erfolgt diese Verschmelzung im emotionalen Feld. Die Gefühle der Betroffenen werden dann teilweise eins.

Maja unterhält sich mit Ilse. Ilse berichtet aufgeregt von der Auseinandersetzung, die sie gestern mit ihrem Freund hatte. Maja geht ganz in Ilse auf. Ihr Energiefeld ist auf Ilses emotionale Ebene abgestimmt. Sie wird ein bisschen zu Ilse. Beide reden lebhaft und aufgewühlt über das Ereignis.

Paul redet mit Sofia. Sie hat eine schwere Zeit hinter sich und schüttet ihm ihr Herz aus. Paul ist einfühlsam und sanft. Er hört aufmerksam zu. Sein Energiefeld fließt hinüber ins Sofias Feld. Dadurch entsteht ein starkes Gemeinschaftsgefühl. Beide finden das Gespräch schön.

Nun denken Sie vielleicht: Maja und Ilse führen ein Gespräch, das sie beide aufregt. Paul und Sofia sprechen sich aus und fühlen sich miteinander verbunden. Ist das nicht schön? Es geht darum, dass die Betroffenen sich in solchen Gesprächen ein wenig verlieren. Sie werden zu sehr der andere und bleiben zu wenig sie selbst. Sie verlieren ihre Identität. Aber Gespräche dieser Art lassen sich sehr gut auf der Basis der inneren Kraft und eines hellen, starken Kontaktes mit dem Inneren führen. Dann gibt es keine Verschmelzung und kein Zerfließen – die Menschen begegnen sich, ohne ihr wahres Wesen und ihre eigene Kraft zu verlieren. Dadurch entsteht eine viel tiefere Verbindung.

Wenn Sie „zerfließen", verlassen Sie Ihre eigene Schwingung. Doch sobald Sie Ihre Aura kompakter machen, werden Sie wieder zu Ihrer eigenen, einzigartigen Schwingung. Dann sind Sie wieder „Sie selbst". Sie haben Ihre Identität wiedererlangt.

Nehmen wir an, Ihre Farbe ist Rot, die Ihrer Freundin Blau. Sie begegnen einander. Die Farben verschmelzen. Sie werden lila. Jetzt sind Sie nicht mehr mit Ihrer Essenz verbunden, sondern mit einem gemeinsamen Feld. Sie haben Ihre Einzigartigkeit verloren.

Wenn Sie so verschmelzen, werden Sie ein wenig zum anderen. Ihre eigene Farbe löst sich auf, und es entsteht eine neue Farbe, ein neuer Klang, ein neues Gefühl, eine neue Eigenart. Es ist ähnlich, als würden Sie eine schöne Bluse in heißem Wasser und mit Bleichmittel waschen. Danach sind die schönen Farben verblasst. Wollen Sie das? Ist es das wert? Gibt es keine bessere Möglichkeit, mit anderen zusammen zu sein?

Bei diesem Zerfließen verlagern Sie das BZ in das Feld eines anderen. Das BZ wird auf das fremde Feld abgestimmt. Wenn wir das BZ als Radio betrachten, können wir sagen, dass dieses Radio auf das eingestellt wird, was Sie *nicht* sind. Ihr BZ stimmt sich auf den anderen ab. Ihre Einzigartigkeit nimmt ab. Sie werden der andere, und der andere wird ein bisschen Sie. Zusammen sind Sie eine einzigartige Mischung. Aber wer sind Sie dann? Wer entscheidet dann, was gut für Sie ist? Wer trifft welche Entscheidungen? Denken Sie daran, dass jeder Mensch in seinen Entscheidungen frei ist. Das ist das Gesetz der

Willensfreiheit, ein besonders wichtiger Aspekt unserer Entwicklung als Menschheit.

Wenn jemand zerfließt, fühlt er sich nicht mehr als einzigartige Person. Er empfindet keine Stabilität. Vielleicht spürt er Kälte.

Iris nimmt an einem internationalen Yogaseminar teil. Der Leiter ist ein bekannter spiritueller Lehrer. Die Teilnehmer befolgen einen bestimmten Verhaltenskodex, den sie voneinander lernen. Dazu gehört, freundlich zu anderen zu sein. Dann geschieht Folgendes (man kann es bei vielen Seminaren und Workshops beobachten; manchmal wird es sogar erotisch):

Iris kommt herein. Maria fällt ihr um den Hals und schaut ihr tief in die Augen. „Wie schön du bist. Du strahlst ja richtig!" Sie umarmen einander minutenlang. Dann kommt Jacques in den Raum. Strahlend schaut er Iris an, und die beiden umarmen sich drei Minuten lang, die Hände streichen aufmunternd über die Schultern und den Rücken. Ein tiefer Seufzer. „Ich bin so froh, dich zu sehen." Dann kommen Nena, Tessa, Peter, Theresa …

In dem Seminar, aus dem dieses Beispiel stammt, bemühen sich die Teilnehmer gewiss aufrichtig, nett zueinander zu sein. Dennoch kommt es zu einer Auravermischung, kollektiv und systematisch, eingebettet in den Verhaltenskodex. Es gibt auch wunderliche Kontakte; denn ihren Ehemann begrüßt Nena selten so innig. In dieser Umgebung zeigen alle nur einen kleinen Teil von sich. Zu Hause ist Nena längst nicht so nett. Sie akzeptiert die anderen nicht so, wie sie sind, und hält sich mit Umarmungen und Knuddeln zurück.

Die 20-jährige Tina fasst alles und jeden an. Wenn sie neben jemandem sitzt, berührt sie den anderen. Wenn sie neben jemandem steht, lehnt sie sich an diese Person an. Der Grund dafür ist ihre innere Leere. So füllt sie sich – glaubt sie. Aber Tina verschmilzt teilweise mit den anderen und verliert dabei ihre innere Kraft.

Menschen, die „zerfließen", grenzen sich auf der körperlichen Ebene oft weniger ab als andere. Sie gehen näher an andere heran oder schieben ihren Stuhl näher heran. Sie beugen sich vor, so dass sie weiter in das fremde Feld eindringen. Dieses Verhalten können Sie überall

54

beobachten, wenn Sie es erst einmal kennen. Vielleicht zerfließen auch Sie oft, oder andere möchten gerne mit Ihnen verschmelzen. Wenn Sie das ändern wollen, hilft es, Ihre Körpersprache und die des anderen zu kennen. Ändern Sie Ihre Körperhaltung oder Position, und sofort verändert sich das Zerfließen – weil Sie eine bewusste Entscheidung getroffen haben.

Tina besucht Tim. Tim findet Tina nett, aber auch etwas aufdringlich. Seiner Meinung nach muss das nicht so sein. Er spürt auch deutlich, dass Tina mit ihm verschmilzt, und er hat sich vorgenommen, es dieses Mal anders zu machen. Als Tina sich neben ihn setzt, rückt er etwas beiseite. Das ist eine deutliche Sprache. Damit sagt er: „Ich verschmelze nicht."Als sie zusammen essen, beugt Tina sich über den Tisch. Würde Tim sich ebenfalls vorbeugen, würden sie verschmelzen. Aber er schiebt seinen Stuhl ein wenig zurück und lehnt sich nach hinten. Die Körpersprache ist klar: „Ich verschmelze nicht!"

Wenn andere Ihnen körperlich zu nahe kommen, ist das unangenehm. Es ist eine Art Grenzüberschreitung. Denken Sie daran, dass Ihre energetischen Grenzen in solchen Fällen tatsächlich überschritten werden! Es ist Ihr gutes Recht, sich selbst zu behaupten, indem Sie den physischen Abstand vergrößern. Dann ist die Auravermischung zumindest geringer.

Der 45-jährige Toni ist auf einer Party. Sara stellt sich dicht neben ihn. Seiner Meinung nach geht sie zu weit. Darum tritt er einen Schritt zurück. Jetzt fühlt er sich wohler. Erleichtert atmet er tief ein. Er mag es gar nicht, wenn andere ihm zu wenig Raum geben.

Mit einem niedrigeren Feld verschmelzen

Durch Verschmelzung wird der Abstand zu Ihrem Selbst größer. Sie betreten das Feld des anderen. Sie werden teilweise der andere. Aber wer ist der andere? Wie ist seine Energie? Es kann sein, dass Sie durch Zerfließen sehr müde oder schläfrig werden. Vielleicht wird Ihnen übel, oder Sie bekommen Kopf- oder Bauchschmerzen. Ihr eigenes Feld verändert sich. Sie werden zum Feld des anderen. Niedrigere

Schwingungen dringen in Sie ein, und Sie werden zu diesen niedrigen Schwingungen. Es gibt kein Entkommen, denn Sie sind in die feinstoffliche Haut des anderen geschlüpft und haben Ihre Identität zu einem großen Teil aufgegeben.

Peter ist bei der 21-jährigen Maria zu Besuch. Maria verschmilzt mit fast allen Menschen, denen sie begegnet. An diesem Abend wird sie ein wenig zu Peter. Morgen kommt Ellen zum Essen. Dann fühlt sie sich als Ellen. Wie ein Chamäleon nimmt sie die Farbe ihrer Gäste an. Sie findet es schön, sich Peter oder Ellen so nahe zu fühlen. Andererseits spürt sie, dass sie sich selbst verliert. Eigentlich ist das gar nicht so schön.

Theo ist Polizist. Heute arbeitet er mit seinem Kollegen Carl zusammen. Carl ist mit seinem Leben nicht sonderlich zufrieden. Sie unterhalten sich ausgiebig. Am Abend ist Theo todmüde. Er fühlt sich irgendwie negativ, weil er sich Carls Energiefeld zu sehr geöffnet hat. Er hätte mehr bei sich bleiben sollen; dann würde er sich jetzt viel stärker fühlen.

ZERFLIESSEN KANN LEICHTE, ABER AUCH SEHR SCHWERE FOLGEN HABEN

Wenn Sie mit anderen verschmelzen, können Sie müde werden. Sie können verschiedene leichte Beschwerden bekommen, die nach wenigen Stunden abklingen. Doch manchmal treten ernste Symptome auf: Sie werden immer müder, immer öfter. Die Erholungsphase dauert länger. Eine vage Krankheit folgt der anderen. Es ist, als würden Sie sich nie mehr normal und fit fühlen.

Wenn Sie mit anderen verschmelzen, kann das also milde, aber auch starke Symptome auslösen, die eine Weile oder auch länger andauern. Wenn dieses Verschmelzen für Sie eine Gewohnheit geworden ist, verlieren Sie dadurch vielleicht eine Menge vitale Energie. Zerfließen, Energieverlust und Energiekontamination können mit der Zeit sogar zu Burnout führen. Darum ist es wichtig, die Symptome früh zu erkennen und etwas dagegen zu tun.

5
ENERGIEVERLUST

Ich war bei Paul und kam ganz „leer" nach Hause. Er hat mich richtig ausgelaugt.

Energieverlust ist ein feinstoffliches Phänomen, das sich zwischen den Energiefeldern zweier Menschen abspielt. Der eine nimmt Energie auf, der andere gibt Energie ab. Die meisten Menschen glauben in solchen Fällen, sie seien „ausgelaugt worden": Sie haben nichts damit zu tun; andere rauben ihnen Kraft; Vampire saugen sie aus. Wir wollen diese Argumentation einmal umdrehen und sehen, was sich daraus ergibt.

Ich lasse mich aussaugen.

Das hört sich ganz anders an. Aus *Ich werde* ist *Ich lasse* geworden. Jetzt stößt mir nichts mehr zu, sondern ich lasse etwas zu. Setzen wir diesen Prozess noch eine Weile fort.

Ich gebe meine Energie her.

Nun sieht alles ganz anders aus. Mir stößt nichts zu, ich bleibe nicht passiv, sondern ich handle selbst. Plötzlich bieten sich mir zahlreiche Möglichkeiten. Denn was ich selbst tue, das kann ich auch ändern. Wenn ein anderer mir etwas antut, muss ich den anderen verändern, dann noch einen anderen und wieder einen. Vielleicht muss ich sogar die ganze Welt verändern, um nicht mehr ausgelaugt zu werden. Aber wenn ich selbst verantwortlich bin, muss ich nur einen einzigen Menschen auf der Welt verändern: mich. Das eröffnet Perspektiven!

Wenn Sie Energie verlieren, dann geben Sie Energie her. Die Energie fließt aus Ihrem Energiefeld in das Feld eines anderen. Das kann in allen Teilen Ihres Energiefeldes geschehen: in der Aura, in den Chakras, aber auch in den Organen.

Energieverlust ist die Antwort auf eine Forderung. Jemand will, dass Sie ihm Energie geben. Ein anderer hat irgendein Bedürfnis. Und Sie halten es offenbar für angebracht, die Forderung nach einer bestimmten Energie zu erfüllen. Einer der Schlüssel zum Energieverlust ist die Art der Forderung. Diese ist nämlich sehr zielgerichtet. Sie antworten, indem Sie die benötigte Energie liefern. Der Schlüssel passt ins Schloss. Die Nachfrage ist auf ein Angebot gestoßen. Aber warum geben Sie Ihre Energie freiwillig her?

Der Grund sind oft tiefsitzende, alte Denkmuster. Vielleicht mussten Sie selbst einmal leiden und wollen nun helfen, weil Sie andere nicht leiden sehen können. Oder Sie waren bisher machtlos – aber jetzt sind Sie es nicht. Jetzt können Sie eingreifen, indem Sie einen Teil Ihrer Lebensenergie verschenken. Das geschieht bei jedem Menschen auf verschiedene Weise. Jeder schenkt anderen Energie, damit sie weniger leiden, um ihnen Kraft und Hoffnung zu geben, um sie zu ermutigen.

VERANTWORTUNG

Damit sind wir bei einem Kernthema, das in diesem Buch immer wieder auftaucht. Es spielt eine sehr wichtige Rolle bei der Entwicklung des Menschen und beim Energieverlust.

Ich kann es nicht mehr mit ansehen. Ich muss helfen! Ich setze mich für den anderen ein!

Einstellung und Einsatz sind bewundernswert. Dies ist ein schöpferisches Engagement, einer der Grundpfeiler der Zivilisation und der Menschlichkeit. Dennoch müssen wir sorgsam damit umgehen. Entwicklungshilfe bestand jahrzehntelang in Geld, Gütern und technischem Wissen, und das half nicht viel. Heute ist Entwicklungshilfe eher Hilfe zur Selbsthilfe. Kleinstkredite leisten dazu einen Beitrag: Menschen in armen Ländern bekommen ein Darlehen, damit sie ein Geschäft gründen und ihren Lebensunterhalt verdienen können. Sie bekommen kein Geld geschenkt, sondern geborgt, und zwar zu einem fairen Zinssatz. Diese Kredite werden nicht an übernationale oder nationale Organisationen oder Behörden vergeben, sondern nur an sehr kleine Organisationen und auch an Einzelpersonen, an Menschen, die darauf brennen, etwas auf die Beine zu stellen, aber die dafür notwendigen 25 oder 50 Euro nicht haben. Mit diesem kleinen Betrag durchbrechen sie den Kreislauf *kein Geld – kein Startkapital – kein Geschäft – keine Arbeit*. Diese Menschen *wollen* etwas tun, aber sie haben keine Chance. Sie wollen Verantwortung übernehmen, anstatt ein Opfer ihrer Situation zu sein. Sie suchen nach Möglichkeiten, packen sie am Schopfe und überwinden ihre Armut. Millionen Menschen haben diese Chance bekommen und genutzt. Das ist eine wunderbare Idee.

Wir könnten diesen armen Menschen auch wöchentlich ein paar Euro geben, damit sie überleben. Wäre das besser? Würde das ihr Selbstwertgefühl stärken? Hätten sie ihren Kindern dann einen Weg aus dem Elend zeigen können? Wären die Kinder stolz auf ihre Eltern gewesen?

Helfen ist ein sehr komplexes Geschehen. Wann und wie helfen wir wirklich? In unserem Buch *Spirituelle Hilfe: Für die persönliche Hilfe und für Menschen, die anderen helfen* gehen wir ausführlich auf dieses Thema ein, weil es für Helfer und Berater ein äußerst wichtiges Thema ist. Die Idee „Helfen" hängt eng mit unserem Bild von der Welt und vom Platz des Menschen in dieser Welt zusammen. Wir sind davon überzeugt, dass der Mensch hier auf Erden ist, um sich weiterzuentwickeln. Alles, was wir im Leben mitmachen, sind Erfahrungen, die wir für unsere Entwicklung brauchen. Manches lernen wir mühelos, anmutig, ohne Schmerzen und Leiden. Die Mutter, die ihr Kind Liebe lehrt, ist ein Vorbild dafür. Aber viele Lektionen lernen wir durch Reibung, teils durch harte Reibung. Wir lernen, indem wir uns in einen Druckkessel stellen.

Es wurde oft untersucht, was Schüler zum Lernen bewegt. Wie bringt man sie dazu, dass sie sich bestimmte Kenntnisse aneignen? Prüfungen, für die man Noten bekommt, scheinen bisher die beste Strategie zu sein. Eine Prüfung bedeutet Druck, Reibung, Stress. An einem bestimmten Tag müssen Sie den Stoff beherrschen, sonst fallen Sie durch.

Zweifellos haben auch Sie eine Menge Reibung erlebt. Sie war notwendig für Ihre Entwicklung. Wenn wir die Reibung wegnehmen, hört die Entwicklung auf, zumindest zu einem großen Teil. Deshalb können wir Reibung, die unweigerlich Leiden mit sich bringt, nicht verhindern. Mehr noch: Wenn wir die Reibung in ihrer heutigen Form beseitigen, kehrt sie später in anderer Form zurück.

Wir *können* das Leiden gar nicht verhindern, weil es eine unmittelbare Folge unseres Karmas ist, die Folge dessen, was wir einst waren. Das Gesetz des Karmas besagt, dass alles, was wir aussenden, verstärkt zu uns zurückkommt. Was wir in diesem Leben erfahren, ist also gemäß diesem Gesetz zu uns zurückgekommen. Das Jetzt ist die Folge unseres Handelns in der Vergangenheit. Der Umgang mit unseren heutigen Erfahrungen bestimmt unsere Zukunft. Die Zukunft ist die Frucht der Gegenwart.

Das hört sich auf den ersten Blick fatalistisch an: Leiden ist die Folge unseres Karmas, und jeder Mensch muss sein Karma selbst abarbeiten. Ich habe nichts damit zu tun. Punkt. Aber wir haben bereits erwähnt, dass Hilfsbereitschaft eine der unentbehrlichen Wurzeln der Zivilisation und des Fortschritts ist. Die Frage lautet nicht, *ob* es gut ist zu helfen, sondern *wie* wir helfen sollen.

Leiden zu lindern, indem wir die Lektionen anderer auf die eigenen Schultern nehmen, ist meist nicht der richtige Weg. Aber es gibt natürlich viele Gegenbeispiele. Sehen wir uns beide Standpunkte einmal genauer an.

Saskia fühlt sich als Opfer. Dauernd beklagt sie sich über ihren Mann Fred. Sie will sich nicht verändern, sondern Probleme einfach loswerden. Fred ist ihre Mülltonne. Doch während ein Haus durch Müllbeseitigung schöner wird, kontaminiert Saskia sich und ihren Mann durch diese Form des Stressabbaus. Fred muss immer nach Saskias Pfeife tanzen; aber das löst kein Problem.

Maria hat Migräne. Die hat sie oft. Sie behandelt andere Menschen sehr autoritär. Ihre Tochter Erika tut alles, was ihre Mutter verlangt. Sie traut sich nicht, Nein zu sagen, obwohl sie das mitunter gerne tun würde. Erika passt sich immer ihrer Mutter an und verliert dadurch Energie. Doch selbst wenn sie ihr Leben lang tun würde, was ihre Mutter anscheinend so dringend braucht, um sich wohl zu fühlen, würde das nicht genügen, weil die Ursache woanders liegt.

Tom wohnt allein. Sein Freund Rainer besucht ihn oft; aber er hat immer weniger Lust dazu. Toms Energie ist ziemlich negativ und düster. Er jammert oft, will aber nicht darüber nachdenken, ob er an seiner Situation mit schuld ist. Er redet gerne darüber, was ihm versagt bleibt – was möglich ist, interessiert ihn nicht. Rainer fühlt sich ein wenig ausgenutzt, traut sich aber nicht, die Beziehung abzubrechen, weil er Toms einziger Freund ist.

Ein Schwimmer bekommt Krämpfe und droht zu ertrinken. Ein anderer rettet ihn.

Ein Mann sieht, dass eine Mutter ihre kleine Tochter verprügelt. Er unterrichtet das Jugendamt.

Ein Baum ist umgestürzt und liegt teilweise auf einer Bundesstraße. Es ist dunkel, es stürmt, und es regnet in Strömen. Sie rufen die Polizei an und stellen ihr Auto mit eingeschalteten Warnblinkern vor den Stamm, damit niemand auffährt. Dann stellen Sie sich unter einen anderen Baum.

Auf die eine oder andere Weise können wir manches Leid lindern. Dafür brauchen wir Wissen und Einsicht. Wir müssen verstehen, wie die Welt beschaffen ist und warum wir hier sind. Wir müssen unsere Aufgabe auf Erden kennen und begreifen, wie wichtig es ist, sie zu erfüllen. In der indischen Philosophie gelten weder Diamanten noch Gold als wertvollster Besitz, sondern wahrhaftiges Wissen, das uns den Weg aus dem Leiden zeigt. Wissen vermittelt uns Einsicht und praktische Fertigkeiten, mit denen wir Leid in Freude umwandeln können. Freude ist nämlich eines der Wesensmerkmale der göttlichen Quelle, unseres inneren Selbst.

Kehren wir zum ersten Beispiel zurück, in dem Saskia sich als Opfer fühlt und Fred stumm leidet. Inge, Saskias beste Freundin, kommt zu Besuch. Wie immer beklagt Saskia sich über Fred. Inge beschließt, mit Saskia ein offenes Gespräch zu führen. In aller Ruhe erklärt sie ihr, dass sie sich andauernd über ihren Mann und vieles andere beklagt. „Meiner Meinung nach", sagt sie, „wirst du dabei nicht glücklich. Wollen wir nicht darüber reden, wie sich das ändern könnte?"

Erika aus dem zweiten Beispiel hat sich mit einer Freundin unterhalten. Sie will ihre Einstellung zu ihrer Mutter ändern. Ihre Mutter hat ihr verboten, mit ihren Freundinnen auf das Schulfest zu gehen. Sie will, dass Erika auf ihre kleine Schwester aufpasst, so dass sie (die Mutter) mit ihrem neuen Freund ausgehen kann. „Nein", sagt Erika, „Das mache ich nicht. Das Schulfest war seit langem abgesprochen. Ich gehe auf jeden Fall hin!" Erika lässt sich nicht umstimmen, obwohl ihre Mutter sich aufregt. „Mama", sagt sie, „du hast mir immer deinen Willen aufgezwungen. Das lass ich mir nicht mehr gefallen, egal, was du probierst."

Wir können anderen helfen, indem wir ihnen zur Einsicht verhelfen. Dabei müssen wir die Einsichtsfähigkeit des anderen berücksichtigen. Es bleibt ihm überlassen, ob er sein neues Wissen nutzt oder nicht. Er kann um noch mehr Wissen bitten – es liegt ganz an ihm. Das ist der Grundsatz der Eigenverantwortung und des freien Willens. Beides dürfen wir anderen nicht wegnehmen.

Was hat das mit dem Thema dieses Kapitels zu tun? Nun, Energieverlust bedeutet oft, dass wir anderen auf eine Weise helfen, die nicht unbedingt nützlich, vielleicht sogar schädlich ist. Möglicherweise lehnt sich ein Mensch, dem wir helfen, faul in seinem Sessel zurück und schaut lieber zu. Wir müssen den Mut haben, andere auf ihre Fehler aufmerksam zu machen. Wenn sie nicht bereit sind, Verantwortung zu übernehmen, können wir ihnen helfen, indem wir sie lehren, verantwortungsbewusst zu sein. Gelingt das nicht, sollten wir prüfen, ob wir die dafür notwendige Grundlage aufbauen können. Wichtig ist immer, dass wir anderen helfen, selbständig zu sein. Auf den eigenen Beinen zu stehen. Stark und mutig zu sein. Ein Mensch kann sein Leben in den Griff bekommen, wenn er einsieht, dass er seine eigene Kraftquelle ist.

Lassen Sie als Helfer die Verantwortung für alles, was dabei herauskommt, beim anderen. Dann verlieren Sie keine Energie mehr.

Beenden wir dieses Kapitel mit einer hochwirksamen Affirmation:

Ich bejahe meine Kraft.

Ich übernehme das Steuer.

6
DEN ENERGIEKÖRPER BEEINFLUSSEN

Im vorigen Kapitel haben wir über den Energiekörper des Menschen gesprochen. Dank dieses feinstofflichen Körpers steht er in ständiger Verbindung mit seiner Umgebung. Er sendet und empfängt Informationen. Er gibt Energie ab und nimmt Energie auf. Manchmal ist dieser Energiekörper so aus dem Gleichgewicht geraten, dass Störungen auftreten. Wir können ihn jedoch so beeinflussen, dass er seine Balance wiederfindet. Aber wie beeinflusst man etwas Ungreifbares?

WIR KÖNNEN ENERGIE BEEINFLUSSEN

Energie lässt sich sehr gut beeinflussen, viel leichter als Materie. Um Materie zu verändern, müssen wir hart arbeiten. Wenn Sie Ihr Auto waschen wollen, müssen Sie mit Wasser und Seife ans Werk gehen. Wenn Sie Ihre Haustür sicherer machen wollen, müssen Sie ein stärkeres Schloss anbringen. Hier auf dieser physischen Welt ist physischer Einsatz notwendig. Wir haben zwar zahlreiche Geräte und Maschinen entwickelt, um uns die Arbeit zu erleichtern; aber im Prinzip hat sich dadurch nichts geändert. Es gibt jedoch einiges zu beachten, wenn wir mit Energie arbeiten. Diese Regeln sind sehr einfach und verständlich. Manchmal brauchen wir allerdings etwas Übung. Die Arbeit mit Energie, also auch der Umgang mit unserem Energiekörper, dreht sich zu einem wesentlichen Teil um diese Grundsätze.

1. DER ENERGIEKÖRPER IST PSYCHOPLASTISCH.
Den Energiekörper beeinflussen Sie mit Gedanken, Gefühlen und Bildern. Das klappt ziemlich gut. Wenn Sie sich beispielsweise vorstellen, dass Ihre Aura kleiner wird, dann wird sie kleiner (Komplikationen lassen wir erst einmal beiseite). Der feinstoffliche Körper ist also „plastisch" und gehorcht der Psyche. Das ist die erste wichtige Regel.

2. Energie fliesst zum Ziel Ihrer Aufmerksamkeit.

Dies ist ein sehr wichtiges Gesetz, das Sie gar nicht genug würdigen können, wenn Sie mit Energie arbeiten. Sobald Sie Ihre Aufmerksamkeit auf etwas oder jemanden richten, strömt die Energie ebenfalls dorthin.

3. Die Konzentration entscheidet, wie viel Energie übertragen wird.

Nehmen wir an, Sie wollen Ihre Aura kompakter machen. Sie stellen sich bildhaft vor, dass das geschieht. Währenddessen schauen Sie aus dem Fenster. Sie sehen eine Passantin. Die Frau erinnert Sie daran, dass Sie eine Freundin anrufen wollten. Wohin fließt nun die Energie? Nicht mehr in das Bild, sondern auf die Straße, zur Freundin, in das Gespräch, das Sie führen wollen. Die Folge ist, dass die Botschaft, die Ihre Aura erhält, nicht mehr so stark ist. Je konzentrierter Sie sind, desto mehr Energie strahlen Sie aus.

In diesem Kapitel haben wir einige wichtige Grundsätze der Arbeit mit Energie erörtert. Später werden wir untersuchen, wie wir diese Regeln praktisch auf unseren Energiekörper anwenden.

7
VERLAGERUNG DES BEWUSSTSEINSZENTRUMS

Unter dem Bewusstseinszentrum (BZ) verstehen wir den Ort, von dem aus wir die Welt wahrnehmen. Bei empfindsamen Menschen befindet sich das BZ ganz im Energiekörper, weit vom physischen Körper entfernt. Der Abstand zum physischen Körper kann nach unserer Erfahrung Dutzende von Metern betragen. Das hat Folgen. Kurz gesagt: Sie können sich gut in andere hineinversetzen, haben aber weniger Kontakt mit sich selbst. Ihre Entscheidungen sind oft davon abhängig, was andere von Ihnen halten und denken, eben deshalb, weil Sie das so deutlich spüren. Auravermischung ist eine der Methoden, die Kontakte auf Kosten Ihrer Individualität herstellt. Um wieder Sie selbst zu werden, müssen Sie mehr im eigenen Körper wohnen. Dann verlagert sich das BZ von außen nach innen. Eine sehr wichtige Frage lautet: Wo im Körper ist der beste Platz für das BZ? Die Entscheidung hängt von Ihrem Menschenbild ab, aber auch von Ihrem Wissen darüber, warum der Mensch auf der Erde ist, was Sie hier zu tun haben und wie Sie mit sich selbst Kontakt aufnehmen.

7.1
DIE HAUPTCHAKRAS ALS BEWUSSTSEINSZENTRUM

Wir bringen unseren Klienten stets bei, ihr BZ in ihr großes Herz zu verlagern. Die Gründe dafür liegen in unserem Menschenbild wie auch in therapeutischen Erwägungen. Was würde geschehen, wenn Sie Ihr BZ in ein anderes Chakra verlagern würden? Nehmen wir zunächst das Wurzelchakra als Beispiel.

Dieses Chakra reguliert die materiellen Aspekte des Lebens. Liegt das BZ dort, wird dieses Chakra stark und gewinnt in der Hierarchie der Chakras einen zunehmenden Einfluss. Dann wenden Sie sich mehr und mehr der materiellen Seite des Lebens zu. Geld und Einkommen werden immer wichtiger. Vielleicht werden Sie sogar habsüchtig und gierig. Für einen Menschen, der über das Materielle hinausschauen und das Wesentliche im Leben erkennen kann, ist das unbefriedigend.

Das zweite Chakra liegt auf halbem Weg zwischen dem oberen Rand des Schambeins und dem Nabel. Es steuert die Kreativität und die Sexualität. Ist dieses Chakra die Lebensgrundlage, wird Sexualität immer wichtiger, und wenn das Chakra nicht gut mit dem Herzchakra verbunden ist, spielt Lust für Sie eine immer größere und Liebe eine immer kleinere Rolle. Die Folge ist, dass Sie immer gieriger nach Lust werden, weil Sie Lust mit Liebe verwechseln. Das kann großes Leid verursachen. Zudem ist es ein langer, langer Umweg auf dem Weg zu Ihrem wahren Charakter – denn der ist Liebe, nicht Lust.

Das dritte Chakra, das Sonnengeflecht, liegt knapp über dem Nabel. Es ist das Chakra der Ich-Kraft. Das ist ebenfalls ein wichtiges Chakra, denn ohne gesunde Ich-Kraft kommen wir in dieser Welt nicht zurecht. Ich-Kraft ist auch sehr wichtig, wenn es uns um den energetischen Schutz geht, weil wir ohne Ich-Kraft keine Grenzen ziehen können. Das scheint dafür zu sprechen, das BZ in den Solarplexus zu verlagern. Aber in diesem Fall verliert das Ich seinen Blick auf das größere Ganze. Das Ich wird immer wichtiger und wichtiger, es bläst sich auf wie ein Ballon. Sie werden egozentrisch und vielleicht machtgierig. Auf andere nehmen Sie keine Rücksicht mehr, sondern setzen Ihre Ziele durch, auch gegen den Willen der anderen. Das scheint ein Vorteil zu sein, aber es ist ein Nachteil – *denn was Sie aussenden, kommt früher oder später verstärkt zu Ihnen zurück.*

Das vierte Chakra ist das Herzchakra. Es liegt mitten auf dem Brustkorb in Höhe der Brustwarzen (bei erwachsenen Frauen etwas höher, je nach Entwicklung der Brüste). Mit diesem Chakra können wir Liebe erfahren. Es ist der Ausgangspunkt der Liebe. Hier erkennen wir uns selbst als Liebe. Ist dies also die ideale Wohnung? Hier wären wir im Körper und könnten Liebe empfangen und geben. Es wäre also schön, im Körper zu sein. Das ist ermutigend. Von den vier Chakras, die wir bisher besprochen haben, ist dies gewiss der beste Platz. Aber er hat auch einen großen Nachteil, denn hier erfahren wir nicht nur Liebe, sondern auch Lieblosigkeit. Mit diesem Chakra spüren Sie also auch Schmerzen, wenn Sie keine Liebe bekommen. Vielleicht haben Sie im Leben schon so viel Leid erlebt, dass Sie die Liebe übersehen haben. Wie lösen wir dieses Problem? Darauf gehen wir gleich ein. Danach erörtern wir noch kurz die Vor- und Nachteile der drei restlichen Chakras.

DAS GROSSE HERZ

Das Herzchakra hat zwei Dimensionen. In der einen befindet sich das Herz, das Liebe und Lieblosigkeit fühlend wahrnimmt. Dies ist der Teil des Herzens, der jubelt, wenn Sie verliebt sind, und trauert, wenn eine Liebe zerbricht. Wir nennen dies das *kleine Herz*. Die zweite Dimension ist die des *großen Herzens*. Das große Herz wirkt außerhalb der Dualität. Es ist der göttliche Funke in Ihnen. Das große Herz ist Liebe, bedingungslose Liebe. Das große Herz hält immer zu Ihnen. Es trägt Sie, einerlei, was Sie mitmachen oder tun. Das große Herz ist reines Bewusstsein. Es weiß genau, wer Sie sind. Es kennt Sie am besten. Und es kennt Ihren Weg nach Hause: in die Einheit mit der strahlenden Liebe. Das große Herz schickt Ihnen ständig Signale der Liebe, des Bewusstseins und der Bewusstwerdung. Es gibt Ihnen ständig Hinweise, wie Sie Ihr Leben am besten führen, damit Sie wieder nach Hause kommen, in die Einheit mit Ihrem großen Herzen. Bei jedem Menschen arbeitet das große Herz Tag und Nacht, unermüdlich, unbeeindruckt davon, ob Sie auf seinen Rat hören oder nicht.

Das große Herz sendet Signale aus. Können wir diese überhaupt empfangen? Das große Herz befindet sich auf einer anderen Schwingungsfrequenz, auf einer anderen Bewusstseinsebene als wir Menschen. Wir leben in der Dualität, das große Herz nicht. Wie also können wir es hören? Stellen Sie sich vor, das große Herz sendet Signale in Form von Klängen aus. Je weiter Sie von ihm entfernt sind, desto schwächer werden die Signale. Je mehr Sie also nach außen gewandt sind, desto schwerer fällt es Ihnen, die subtilen Signale wahrzunehmen. Je mehr Sie sich in der materiellen Welt verlieren, desto schwieriger wird es, das große Herz wahrzunehmen. Doch je mehr Sie nach innen gewandt sind, je reiner Sie sind, je mehr Sie auf das Licht abgestimmt sind, desto klarer empfangen Sie die Signale des großen Herzens. Das bedeutet auch: Je näher das BZ dem großen Herzen ist, desto verständlicher werden seine Signale. Natürlich können wir das große Herz nicht in seiner Ganzheit wahrnehmen, solange wir noch nicht erleuchtet sind.

Aber je näher wir diesem inneren Licht kommen, desto strahlender wird unser Bewusstsein.

Das große Herz ist eine unerschöpfliche Quelle der inneren Kraft. Denken Sie daran, wie vital Sie sich fühlen, wenn Sie verliebt sind. Sie haben Energie im Überfluss. Das ist die Kraft des strahlenden *kleinen Herzens*. Können Sie sich vorstellen, wie groß die Kraft des *großen* Herzens ist?

Das große Herz kennt die Wahrheit. Nicht die relative Wahrheit, sondern die absolute. Die Wahrheit des großen Herzens ist absolut, weil das große Herz alles umfasst. Im großen Herzen ist alles in Liebe vereint. Darum ist die Wahrnehmung des großen Herzens allumfassend, nicht relativ. Als unerleuchtete Menschen können wir diese Wahrheit nicht erfassen. Dennoch können wir die Signale des großen Herzens empfangen, und zwar als inneres Wissen, als Gewissheit, die keine Zweifel zulässt. Vielleicht haben wir noch nicht den Mut, danach zu handeln; aber dass es wahr ist, wissen wir genau. Das liegt daran, dass die Wahrheit aus dem großen Herzen kommt. Jeder kennt dieses Gefühl. Jeder hat so etwas schon einmal erlebt. Das Signal aus dem großen Herzen wird immer verformt, wenn es in die Sprache der Dualität übersetzt wird. Zudem wird es von unserer Persönlichkeit beeinflusst. Je reiner wir sind, desto klarer verstehen wir die Sprache des großen Herzens. Diese Sprache richtet sich danach, wer wir sind. Das große Herz spricht die Sprache des höchsten und reinsten Aspektes in uns. Es kennt die absolute Wahrheit, und wir als nicht erleuchtete Menschen nehmen die Wahrheit verzerrt wahr. Aber damit sind wir der Wahrheit immer noch näher, als wir es ohne Kontakt mit dem großen Herzen sein können. Darum empfangen wir die Signale unseres großen Herzens so deutlich als unsere innere Wahrheit, an der es nichts zu rütteln gibt.

Das große Herz liebt uns bedingungslos. Gleichzeitig kennt es die Wahrheit. Obwohl es genau weiß, wer wir sind – es kennt ja die Wahrheit –, liebt es uns ohne Bedingungen. Das ist etwas ganz Besonderes. Das große Herz trägt uns, einerlei, wo wir im Leben stehen, was wir getan haben und wie oft wir unserem großen Herzen den Rücken zugekehrt haben. Es liebt uns jederzeit bedingungslos und grenzenlos. Dennoch sieht es uns immer genau so, wie wir sind. Sein Blick wird nicht durch den *Mantel der Liebe* verschleiert, wie wir in der Dualität sagen. Darum kann das große Herz uns nach Hause führen. Es lässt sich nicht ablenken. Nicht jetzt, nie.

Weil das große Herz genau weiß, wer wir sind und welches Lebensziel wir haben; weil es keine Kompromisse eingeht, was die Wahrheit anbelangt; und weil es uns bedingungslos liebt, ist es ein idealer Führer, dem wir vertrauen können. Je mehr wir uns dem großen Herzen nähern, desto klarer empfangen wir seine Signale. Darum ist das große Herz die beste aller Wohnungen. Solange wir noch nicht reif dafür sind, im großen Herzen zu wohnen, bleiben wir ihm so nahe wie möglich. Dann nehmen wir seine Signale so deutlich wahr, wie es uns möglich ist, und wir können das Leid im Leben viel besser ertragen.

Wenn wir in unserem großen Herzen leben, überlassen wir ihm die Führung über die anderen Chakras. Das schützt uns vor einer unguten Dominanz anderer Chakras. Nehmen wir das Wurzelchakra als Beispiel. Habsucht ist undenkbar, wenn das große Herz die Führung übernimmt. Wir leben dann im Bewusstsein des Überflusses und sind innerlich viel reicher, als wenn das Wurzelchakra unser Leben bestimmen würde. Die sexuelle Ausuferung des zweiten Chakras ist unmöglich, wenn das große Herz dieses Chakra anführt. Dann bestimmt nämlich reine Liebe unsere Sexualität, und es besteht ein Gleichgewicht zwischen beiden. Auch das Streben nach Macht und ein aufgeblasenes Ich – die Folge eines auf sich selbst gestellten Sonnengeflechts – verwandelt das große Herz in Hilfsbereitschaft, die auf innerer Kraft und Selbstvertrauen gründet.

VERLAGERUNG DES BZ IN ANDERE HAUPTCHAKRAS

Wir haben bereits festgestellt, dass unser BZ in jedem Hauptchakra wohnen kann. Jedes Chakra hat seine Vor- und Nachteile. Wir haben das Wurzelchakra, das zweite Chakra, das Sonnengeflecht und das Herzchakra besprochen. Sehen wir uns nun die drei übrigen Chakras an. Eignen sie sich für das BZ?

Wenn wir weiter von unten nach oben durch den Körper reisen, gelangen wir zunächst zum Kehlchakra. Es liegt mitten in der Kehle und ragt vorne in der Halsmitte nach außen. Dieses Chakra reguliert unsere Kommunikation. Wenn das BZ sich dort befindet, aktiviert es die Kommunikation. Aber wie? Für unsere Entwicklung ist es sehr wichtig, dass wir unsere innere Wahrheit ausdrücken. Diese kennen wir im Herzen, vor allem im großen Herzen. In der Therapie wird das deutlich. Wenn Menschen nicht ihre Wahrheit ausdrücken, verlieren sie unweigerlich Lebenskraft, und irgendwann halten sie das nicht mehr aus und fragen, wer sie sind und was sie wollen. Wenn wir Menschen helfen, Kontakt mit ihrem großen Herzen aufzunehmen, erfahren sie plötzlich, wer sie sind und was sie im Leben wollen. Nach dieser inneren Wahrheit wird in der Kindheit nicht gefragt. Deshalb äußern wir sie nicht. Dann schließt sich zuerst das Kehlchakra, so dass wir unsere innere Wahrheit nicht mehr aussprechen. Aber es ist äußerst schmerzhaft zu wissen, wer wir sind und was wir wollen, ohne es auszudrücken. Unser Leben ist dann teilweise nicht das Leben unserer Wahl. Viele Menschen behelfen sich im Laufe der Zeit damit, dass sie nicht mehr wissen wollen, wer sie eigentlich sind und welche Aufgabe sie im Leben haben. Dann verschließt sich das Herzchakra in der Tiefe des inneren Wissens. Die Kommunikation mit der inneren Quelle lässt nach, und der Lebensstrom wird schwächer. Sobald sich das Herz wieder öffnet, erkennen wir wieder, wer wir sind. Dann meldet sich die alte Kehlblockade sofort wieder; denn das Kehlchakra ist immer noch auf der Hut! Es folgt immer noch seinem alten Programm: nichts äußern, weil wir sonst seelisch verwundbar werden.

Wenn Sie ein starker Typ sind, treten Sie in der Welt für die Wahrheit ein und leben nach Ihren Vorstellungen. *I did it my way!* Das Kehlchakra ist dann offen, weil Sie keine Angst haben, Ihre Meinung zu äußern. Vielleicht sagen Sie nicht alles; aber das ist dann Ihre freie Entscheidung, die beispielsweise auf taktischen Erwägungen beruhen kann. Aber *was* drückt das Kehlchakra aus? Ihre innere Wahrheit! Woher kennen Sie diese? Durch den Kontakt mit dem großen Herzen. Dort ist Ihre Wahrheit. Ihr Kehlchakra gibt der äußeren Welt Informationen; aber es ist nicht deren Ursprung. Für das Kehlchakra ist es sehr wichtig, ganz geöffnet zu sein. Dann ist es viel einfacher, mit der inneren Quelle Verbindung aufzunehmen. Diese liegt jedoch anderswo!

Nach dem Kehlchakra kommen wir zum dritten Auge. Wie bereits erwähnt, befindet es sich mitten zwischen den Augenbrauen und mitten auf der Stirn. Darum wird es oft auch Stirnchakra genannt. Dieses Chakra steuert das Denken und beeinflusst das Sehen – mit den physischen Augen, aber auch mit dem inneren Auge. Hellsehen und Hellwissen sind ebenfalls Aspekte des dritten Auges. Es kann sich sowohl auf das Licht als auch auf die Dunkelheit konzentrieren. An das dritte Auge heften die Yogis ihr BZ, weil dieser Ort auf dem Weg zur Erleuchtung große Möglichkeiten bietet. Aber dieser Ort der Chancen ist auch ein Ort der Gefahren, die in unserer Kultur nicht bekannt sind. Deshalb sind wir der Meinung, dass dieses Chakra beim durchschnittlichen westlichen Menschen kein sicherer Platz für das BZ ist. Dabei spielt auch eine Rolle, dass Menschen, die zu kopflastig sind, sich meist schlecht erden – und das hat negative Folgen. Ein Leben vom dritten Auge aus verlangt bestimmte Fertigkeiten, damit die Vorteile die Nachteile überwiegen.

Zum Schluss kommen wir zum Kronenchakra. So wie das Wurzelchakra am stofflichsten ist, ist das Kronenchakra das feinstofflichste Zentrum. Mit diesem Chakra können wir die höheren Ebenen wahrnehmen. Zudem ist es eine Brücke zwischen der Astralwelt und unserer materiellen Welt. Wenn die Energie vom Steißbein durch das Rückgrat bis zum Kronenchakra hinaufsteigt, erleben wir einen Bewusstseinssprung. Und wenn dies im richtigen Augenblick geschieht, werden wir erleuchtet. Wenn nicht, können wir den Verstand verlieren. Das zeigt erneut, dass unsere Welt dualistisch ist: Wahnsinn oder Erleuchtung. Das Kronenchakra kann wie das dritte Auge auf das Licht oder auf die Dunkelheit abgestimmt sein. Wenn es sich der Dunkelheit öffnet, sind die Folgen ernst. Das ist eine gefährliche Entwicklung, und es erfordert viel Wissen und Bewusstsein, um sie unbeschadet zu überstehen. Aber das große Herz besitzt dieses Wissen, weil es wie kein anderes Chakra zwischen Licht und Finsternis unterscheiden kann. Wenn Sie einen guten Kontakt zu Ihrem großen Herzen haben, spüren Sie, wie die Energie beschaffen ist, die an die Tore der Chakras klopft. Außerdem können Sie dann so viel Licht erzeugen, dass die Dunkelheit machtlos ist. Das ist ein guter Grund dafür, erst das Herzchakra weit zu öffnen, bevor wir das Kronenchakra öffnen.

Wir haben unter den sieben Hauptchakras den idealen Wohnsitz für das BZ gesucht und dabei eindeutig festgestellt, dass nur das große Herz alle Bedingungen erfüllt. Es ist in jeder Hinsicht der sicherste

Ort. Obendrein ist es unser Zuhause, und wir können uns hier in der inneren Liebe geborgen fühlen. Das große Herz ist der richtige Ort für unser Bewusstseinszentrum!

7.2
IN DEN STRAHLEN DES INNEREN GROSSEN HERZENS LEBEN

Es hat sehr viele große Vorteile, in der Nähe des großen Herzens zu leben. Einige wollen wir hier besprechen.

DIE MITTELPOSITION DES HERZCHAKRAS

Es ist auffallend, dass das Herzchakra das mittlere unter den sieben Hauptchakras ist. Die Mitte ist eine besondere Position. Buddha lehrte den mittleren Weg zur Erleuchtung. Die Mitte befindet sich im Gleichgewicht. Sie überblickt die Peripherie. Die äußeren Chakras sind das Wurzel- und das Kronenchakra. Das Kronenchakra vermittelt uns Einsichten und Ideen. Aber diese bewegen sich in der feinstofflichen Sphäre. Das Wurzelchakra bildet den Gegenpol. Es hilft uns, den feinstofflichen Ideen im irdischen Leben Form zu geben. Das Herzchakra hält beide im Gleichgewicht. Von diesem Ort aus können Sie mit einem Pol Kontakt aufnehmen, ohne den Blick auf den anderen zu verlieren. Auf der höchsten Ebene des Herzchakras, im großen Herzen, werden beide Pole eins. Je tiefer wir ins Herzchakra gehen, desto mehr werden wir uns der Einheit der verschiedenen Welten bewusst und können auf dieser Grundlage handeln. Dann verlieren wir uns weder im einen noch im anderen Pol.

LIEBE HAT EINE INKARNIERENDE WIRKUNG

Das große Herz strahlt bedingungslose Liebe aus. Mit dem Herzen können wir diese Liebe fühlen – nicht wissen, aber *fühlen*. Das ist für jeden Menschen sehr wichtig. Liebe ist der stärkste inkarnierende Faktor, den wir kennen. Andererseits fürchtet sich der Mensch vor der Liebe. Die höchste Liebe ist letztlich die Einheit von allem. Solange wir noch nicht in dieses Bewusstsein eingetaucht sind, fürchten wir uns offenbar vor der Liebe, obwohl wir uns gleichzeitig danach sehnen. Der Grund ist die Erfahrung der Lieblosigkeit, die so schmerzlich ist, dass uns sogar vor der Liebe bange wird. Es ist eine Art pawlowscher Reflex, wobei die Liebe der Reiz ist, der Angst auslöst. Auf dem Weg nach Hause können wir dieser Angst nicht entfliehen. Sie überfällt uns immer wieder in unterschiedlicher Gestalt. Aber warum ist die Verneinung der Liebe so schmerzlich? Weil unser Verlangen nach Liebe so groß ist. Warum ist es so groß? Weil Liebe die Essenz unserer Persönlichkeit ist. Wir selbst sind in unserem göttlichen Kern die Liebe. Der göttliche Kern in uns *ist* totale Liebe, er *ist* die Einheit von allem. Wir sehnen uns nach uns selbst.

Lieblosigkeit *ist* Dunkelheit. Dunkelheit bedeutet Trennung, Teilung. Nicht das Ganze, sondern das Ich steht im Vordergrund. Die Folge ist Angst. Denn wenn wir den Blick auf das Ganze verlieren, wird unser Tun lieblos und destruktiv. Unser Umgang mit der Natur ist ein Beispiel für schamloses Handeln, und die Ursache ist die fehlende Verbindung mit dem Ganzen. Persönliche Belange sind uns wichtiger als das Ganze.

Mama schreit. Ihr 4-jähriges Kind liegt im Bett und hört Teller klirren. Ein Stuhl fällt um. Das Kind will wissen, was los ist. Geht es Mama gut?

Rachel ist 3 Jahre alt. Papa ist betrunken. Er schreit Mama an. Das tut er immer, wenn er betrunken ist – und abends ist er meist betrunken.

Toni ist 3 Jahre alt. Mama spielt mit ihm. Sie ist guter Laune. Die beiden rennen durchs Zimmer. Hoppla – ein Becher mit Limonade fällt um. Mama schreit: „Du Tollpatsch, du machst alles kaputt!" Tonis Mutter ist eine emotionale Frau. Sie kann von einem Augenblick zum anderen wütend werden. Manchmal ist sie fröhlich und nett – aber ganz plötzlich wird sie zornig oder gereizt.

Manfred ist 2 Jahre alt. Seine Mutter ist schwer depressiv. Sie ist verzweifelt und ängstlich. Weinend steht sie mitten im Zimmer. Das Leben ist so sinnlos …

Haben Sie diese Beispiele wiedererkannt? Sie stammen aus dem zweiten Kapitel. Dort ging es um Einflüsse, welche die Aura vergrößern. Wenn wir Angst haben, fliehen wir oft nach draußen. Dann wird die Aura dünn.

Ilse ist zwei Monate alt. Ihre Mutter Annemarie stillt sie. Annemarie ist glücklich. Nach der Entbindung war sie müde; aber inzwischen hat sie sich erholt. Ihre ganze Aufmerksamkeit gilt ihrer Tochter. Ilse dreht das Köpfchen. Mit großen, ausdrucksvollen Augen schaut sie ihre Mutter an. Annemaries Herz öffnet sich noch weiter. Ihre Augen strahlen. Sie liebt ihre Tochter so sehr. Die Verbindung ist zeitlos. Die Wärme in ihrem Herzen fließt mit der Milch in Ilses Mund. Ilse seufzt zufrieden. Sie schließt die Augen und schläft in der süßen Stille ein – im Herzen ihrer Mutter.

Ilse fühlt sich bei ihrer Mutter sicher. Sie trinkt buchstäblich Liebe. So kommt Ilse auf die Erde. So will sie fühlen, weil es schön ist. Davor muss sie nicht weglaufen. Ilse inkarniert.

Liebe ist der große inkarnierende Faktor. Das große Herz ist die größte Quelle der Liebe. Es *ist* die Liebe. Wenn wir im Licht des großen Herzens leben, befinden wir uns in einer ganz besonderen Position. Wir nehmen uns innerlich selbst als Liebe wahr. Das ist angenehm, das ist wohltuend. Es ist wie eine warme Dusche, wenn uns kalt ist. Es ist Wärme, die aus dem Innersten kommt.

Das tägliche Leben hat Sie gelehrt, dass Liebe schmerzlich sein kann. Darum wollten Sie keine Liebe mehr empfinden. Sie zogen sich aus Ihrem Herzen zurück, so dass Sie auch das große Herz nicht mehr wahrnahmen. Wenn Sie den Kontakt zum großen Herzen wiederherstellen, wird die ursprüngliche Verbindung erneut geknüpft – die Verbindung, die bereits bestand, als Sie sich zurückzogen, um den Schmerz der Lieblosigkeit nicht mehr zu spüren.

WENN WIR INKARNIEREN, WIRD DIE AURA KLEINER

Angst jagt uns hinaus, Liebe holt uns herein. Angst macht die Aura größer, Liebe macht sie kleiner. Denn in der Liebe fühlen wir uns nicht unsicher und brauchen unsere Umgebung daher nicht ständig zu überwachen. Dann fühlen wir uns in unserer eigenen Schwingung wohl.

Das grosse Herz als tragende Mitte

Das große Herz trägt uns. Es liebt uns immer. Es ist immer da und immer erreichbar. Es macht nie Urlaub und kennt keine Winterpause. Es flieht auch nicht, wenn es unheimlich oder gefährlich wird. Es ist mitten in uns, immer.

Unsere spirituelle Mitte

Das spirituelle Herz ist unsere göttliche Quelle. Es strahlt Liebe, Lebenskraft und Bewusstsein aus. Es fordert uns auf, wieder in die totale Einheit unserer inneren Quelle zurückzukehren, und zeigt uns den Weg dorthin. Diese Einheit ist die höchste Spiritualität. Aber auch der Weg dorthin ist seinem Wesen nach spirituell, weil er das Wachstum hin zur Quelle ist. Ein Leben im Licht des großen Herzens ermutigt uns ständig, den Rat des großen Herzens zu befolgen und nach Hause zu gehen.

Im grossen Herzen sind wir sicher

Das große Herz kennt keine Dualität. Darum ist seine Liebe bedingungslos, und darum ist es sicher. Es lässt uns nie im Stich. Wir können unsere Verbindung mit unserem göttlichen Kern allerdings unterbrechen. Nicht Gott verlässt den Menschen, sondern der Mensch verlässt Gott.

In der Dualität stoßen wir immer auf Lieblosigkeit. Jeder Mensch hat das erlebt. Wie reagieren wir darauf? Oft verlieren wir dann den Kontakt mit unserer inneren Quelle. Denn es gibt ja keine Liebe – das Leben ist der beste Beweis dafür. Aber spirituelles Wachstum setzt voraus, dass wir die Verbindung mit unserer Quelle gerade dann aufrechterhalten. Manche Menschen machen das intuitiv, aber viele wissen gar nicht, dass es möglich ist. Sie kennen nicht den Unterschied zwischen ihrem Ich, das in der Dualität lebt, und ihrem göttlichen Kern jenseits der Dualität. Deshalb haben sie den Eindruck, dass Lieblosigkeit die höchste Wahrheit ist. Aber die göttliche Wahrheit von der bedingungslosen Liebe ist viel größer und wahrhaftiger. Diese Wahrheit können Sie erfahren, wenn Sie lernen, sich in das Licht ihres göttlichen Kerns zurückzuziehen. Dann fühlen Sie sich geborgen, einerlei, was um Sie herum geschieht. Dann ist der Schmerz nicht mehr so heftig.

Im grossen Herzen heilt jedes Trauma

Moderne Psychologen und Pädagogen sind der Meinung, dass manche Traumen nicht heilbar sind – wir können allenfalls lernen, mit ihnen zu leben. „Nicht locker lassen" lautet der wissenschaftliche Rat. Aber die Wissenschaft kennt die Seele nicht. Darum hat sie recht – aus ihrem Blickwinkel. Doch wer die göttliche Quelle im Menschen kennt, weiß, dass jedes Trauma durch die Verbindung mit der göttlichen Quelle geheilt werden kann.

Das gilt auch für schwere und wiederholte Erfahrungen von Lieblosigkeit, die starke Bindungsangst ausgelöst haben. Auf der persönlichen Ebene sind Traumen dieser Art in der Tat sehr hartnäckig. Wenn es jedoch gelingt, den Kontakt mit der göttlichen Quelle herzustellen, erfährt der Mensch eine Liebe, die er nie zuvor oder schon lange nicht mehr erfahren hat. Dann kann er lernen, aus dem Schmerzkörper hinauszutreten und eine Verbindung mit dem göttlichen Kern herzustellen. Immer wieder. Durchhalten, Mut fassen, weitermachen ... bis er darauf vertraut, dass diese Liebe in der Tat immer da ist. Bis er weiß, dass er selbst bestimmt, ob er diese Verbindung eingeht oder nicht. Eine Therapie auf dieser Ebene ist ihrem Wesen nach eine spirituelle Therapie. In unserem Buch *Spirituelle Hilfe: Für die persönliche Hilfe und für Menschen, die anderen helfen* haben wir diese Vision genauer beschrieben.

Im grossen Herzen haben wir Abstand vom emotionalen Selbst

Wir können das emotionale Selbst als den Teil des Bewusstseins definieren, der die Emotionen enthält. Dort identifizieren wir uns völlig mit den Emotionen. Wenn Sie wütend sind, sind Sie wütend. Dann sehen Sie nichts anderes mehr. Und die Wut ist nach Ihrer Überzeugung gerechtfertigt. Der andere ist schuld daran. Auf dieser Ebene rechtfertigen Sie Ihre Emotionen immer wieder damit, dass etwas außerhalb Ihrer selbst sie hervorgerufen hat. Der Sinn für Verantwortung ist eingeschränkt. Menschen, die sich von ihrem emotionalen Selbst leiten lassen, fühlen sich bisweilen sehr lebendig. Das ist das wahre Leben! Manchmal haben sie keine Ahnung, wie ihre Emotionen sich auf andere auswirken.

Das emotionale Selbst lebt in der Dualität, ohne sich um andere Ebenen zu kümmern. Aktion ist Reaktion. Wenn der Eine etwas tut, müssen Sie natürlich darauf reagieren. Die Emotionen sind stark und unrein. Und weil das Verantwortungsgefühl sehr gering ist, kontaminieren die Emotionen die Umgebung und die Energiekörper der Menschen, die das Ziel der Emotionen sind. Darauf gehen wir in einem späteren Kapitel genauer ein.

Das emotionale Selbst ist eine Brille, durch die wir die Welt betrachten. Es ist eng mit dem Schmerzkörper verbunden. Diesen können wir definieren als die Summe aller schmerzlichen Erfahrungen, unsere Reaktionen darauf und die Reaktionsmuster, die daraus entstehen.

Das große Herz kennt diese unsauberen Emotionen nicht. Es hat einen großen Abstand zu ihnen. Es ist frei von ihnen, hat nichts mit ihnen zu tun. Das große Herz schwingt auf einer höheren Frequenz des Bewusstseins. Wer sich von seinem emotionalen Selbst leiten lässt, kann die höhere Schwingung nicht wahrnehmen. Wer die höhere Schwingungsebene erreicht hat, ist sich jedoch der Menschen auf der niedrigeren Ebene bewusst – aber er steigt nicht nach unten, er bleibt oben.

Das große Herz ist deshalb viel stabiler, ruhiger und angenehmer. Das ist auch angenehm für die Umgebung. Denn wer sich vom emotionalen Selbst leiten lässt, ist labil bis äußerst labil. Manchmal können sich solche Menschen ungewöhnlich gut durchsetzen, und andere passen sich ihren Launen an, weil sie gar nicht ansprechbar sind, was ihr Benehmen anbelangt – ein Versuch würde noch mehr Emotionen auslösen. Das alles empfinden andere als bedrohlich. Kinder mit Eltern, die stark aus dem emotionalen Selbst heraus leben, entwickeln häufig eine große Aura, um sich einigermaßen vor der Launenhaftigkeit des Vaters oder der Mutter zu schützen.

Von sich selbst erfüllt im grossen Herzen

Wenn Sie Kontakt mit Ihrem großen Herzen haben, erfahren Sie innere Ruhe und Liebe. Sie sind erfüllt von etwas, was unendlich größer ist als Ihr Ich. In dieser Verbindung richten Sie Ihre Aufmerksamkeit nach innen.

Sandra hat eine Aura von 36 Metern. Ihr BZ befindet sich unserem Test zufolge in einem Abstand von 21 Metern. Sandra fühlt sich leer. Sie sucht nach Erfüllung. Die findet sie in zahlreichen Aktivitäten und gesellschaftlichen Kontakten. Dabei zerfließt häufig ihre Aura. Das kostet sie viel Lebenskraft.

Anna lässt sich von ihrem großen Herzen leiten. Es ist eine schöne, tiefe und stabile Verbindung. Wenn sie mit anderen zusammen ist, stahlt sie. Sie hat etwas Besonderes an sich. Dennoch ist sie nicht nach außen gerichtet. Sie ruht in sich selbst und hat eine klare eigene Meinung. Anna ist eine starke Frau.

Sandra „zerfließt" oft, weil sie keinen Kontakt mit ihrem großen Herzen hat. Anna passiert das nicht, weil sie überhaupt kein Bedürfnis danach hat. Ihr genügt die Verbindung mit ihrem Selbst. Eine dünne Aura würde für sie Leere bedeuten. Anna bleibt bei sich selbst, und darum verliert sie auch keine Energie.

IM GROSSEN HERZEN SIND WIR LICHT

Für das große Herz ist unerschütterliche Liebe die Essenz. Darum ist seine Schwingung sehr rein. Die Frequenz des Bewusstseins ist hoch. Wenn Sie mit Ihrem großen Herzen verbunden bleiben, ist Ihre Schwingung höher, als wenn Sie keinen Kontakt mit der Liebe haben. Dann bauen Sie ein Feld aus positiver, leuchtender Energie auf. Dieses Feld ist Nahrung für andere, ohne dass Sie dabei Energie verlieren. Es ist Nahrung, weil es eine hohe Frequenz in sich trägt, weil es ein Vorbild ist und allen die Hand reicht. Die Felder von sehr depressiven Menschen, die sich als Opfer fühlen und ständig jammern, und die Felder von aggressiven Menschen haben hingegen eine niedrige Frequenz. Diese Felder beeinflussen ihre Umgebung negativ. Dadurch kann ein einziges Mitglied einer Gruppe mit seinem negativen Feld die Frequenzen aller anderen senken.

Wenn Sie eng mit Ihrem großen Herzen verbunden sind, bleiben Sie dort, einerlei, was Ihre Umgebung tut. Dann sind Sie ein leuchtendes Vorbild aus positivem und lösungsorientiertem Bewusstsein.

DAS GROSSE HERZ ALS ZENTRUM DES BEWUSSTSEINS

Das große Herz hat also enorme Vorteile zu bieten. Wir könnten es ab und zu besuchen. Aber warum sollten wir nicht darin wohnen? Dann können wir die Wärme unserer inneren Quelle genießen. Je näher wir ihm kommen, desto näher kommen wir unserer eigentlichen Bestimmung. In unseren Kursen lehren wir die Teilnehmer, Kontakt mit der inneren Quelle aufzunehmen. Und immer wieder zeigt sich, dass dieser Bewusstseinssprung sehr wohl möglich ist. Weil das große Herz in unserer Strategie des energetischen Schutzes eine so zentrale Rolle spielt, stellen wir nun einige Ausgangspunkte und Methoden vor.

7.3
SO GELANGEN SIE IN IHR GROSSES HERZ

Die Atmung ist ein sehr wichtiger Aspekt, wenn Sie engeren Kontakt mit sich selbst aufnehmen wollen. Darum ist es schade, dass die gängigen Psychotherapien sich in der Regel nicht um die Atmung kümmern. Es besteht eine Verbindung zwischen Wohlbefinden und Atmung. Auch das Herz und die Atmung hängen zusammen. Wenn wir tief im Herzen fühlen, braucht der Brustkorb Raum. Fehlt dieser Raum, können wir nicht mehr so tief im Herzen fühlen. Das ist am deutlichsten im Herzchakra spürbar. Wenn sich der Brustkorb beim Einatmen nach vorne ausdehnt und beim Ausatmen geschmeidig verengt, ist das Herzchakra offen. Dann haben wir Raum zum Atmen und zum Fühlen. Aber wenn wir in diesem Chakra nicht tief fühlen wollen oder können, schränken wir die Beweglichkeit des Brustkorbs ein. Dann können wir weder tief einatmen noch ausatmen. Um tief zu fühlen, müssen wir den Brustkorb dehnen. Das heißt, wir atmen so tief ein, dass die Mitte des Brustbeins sich nach vorne schiebt, und achten beim Ausatmen darauf, dass dieser Teil der Brust sich gut sichtbar senkt.

Mit dieser Übung dehnen wir den Brustkorb von innen her und sorgen für eine vollständige Atmung (wobei der Brustkorb wieder vollständig zurücksinkt). Auch Dehn- und Streckübungen für die Schultern und den Rumpf sind hilfreich. Übungen, bei denen der Rumpf seitwärts gestreckt wird oder rotiert, helfen ebenfalls, das Gebiet des physischen Herzens zu öffnen.

ÜBUNG: Mit dem Atem das Herz öffnen

- Konzentrieren Sie sich auf das Herzchakra.
- Achten Sie auf die Atmung an dieser Stelle.
- Drücken Sie mit dem Daumen spürbar mitten auf das Brustbein. Der Druck sollte während der ganzen Übung konstant bleiben.
- Achten Sie erneut auf die Atmung an dieser Stelle: Bewegt sich der Daumen oder nicht?
- Atmen Sie nun tief ein. Der Brustkorb sollte den Daumen dabei so weit wie möglich nach vorne schieben. Die Schultern heben sich nicht. Wenn Sie daran gewöhnt sind, oben im Brustkorb und schnell zu atmen, ist diese Übung anfangs nicht einfach. Umso wichtiger ist es, diese Technik zu lernen!
- Atmen Sie jetzt kraftvoll aus. Der Daumen sinkt dabei so weit wie möglich zurück. Wenn Sie glauben, dass Sie nicht mehr tiefer ausatmen können, versuchen Sie es dennoch. Sie werden feststellen, dass Sie fast immer tiefer ausatmen können, als Sie geglaubt haben.
- Atmen Sie stetig, lange (mindestens 5 Sekunden), langsam und tief ein.
- Atmen Sie stetig, lange (mindestens 5 Sekunden), langsam und vollständig aus.
- Wenn es Ihnen gelingt, mindestens 5 Sekunden lang auszuatmen, können Sie diese Übung maximal zehnmal wiederholen. Gelingt es Ihnen nicht, wiederholen Sie die Übung fünfmal.
- Hören Sie auf, wenn Ihnen schwindlig wird, und probieren Sie es später erneut. Versuchen Sie, länger auszuatmen. Achten Sie darauf, dass die Schultern unten bleiben. Versuchen Sie, nur im Brustkorb zu atmen, nicht im Bauch. Falls Ihnen dennoch schwindlig wird, verringern Sie die Zahl der Atemzyklen.

- Machen Sie diese Übung einige Wochen lang mindestens zweimal am Tag, bis Sie merken, dass das Brustbein sich beim Ein- und Ausatmen geschmeidig bewegt. Sollte es später wieder steifer werden, nehmen Sie das Training wieder auf.
- Diese Übung soll den Brustkorb öffnen. Es geht *nicht* darum, dass Sie in Zukunft ständig in die Brust hinein atmen. Die Standardatmung, die wir empfehlen, ist die Bauchatmung, wenn nötig ergänzt durch die Flanken- und Brustatmung. Auch im letzteren Fall sollten die Schultern sich beim Einatmen nicht heben; außerdem muss die Ausatmung dann lang sein, doppelt so lang wie die Einatmung. Nur wenn Sie wirklich langsam ein- und ausatmen, ist das nicht nötig (Beispiel: 5 Sekunden ein, 5 Sekunden aus).

EMOTIONALE SCHMERZEN SCHNELL UND WIRKSAM VERARBEITEN

Tiefes Atmen im Herzchakra sowie Streck- und Dehnübungen für Schultern und Rumpf machen das große Herz leichter zugänglich. Wahrscheinlich können Sie dann im Bereich des Herzens besser fühlen. Was Sie fühlen, sind die Emotionen des kleinen Herzens. Das können schöne Gefühle, aber auch lange unterdrückte Schmerzen sein.

Es ist der erste Tag des Seminars „Energetischer Schutz". Flora dehnt beim Einatmen den Brustkorb aus, wie es oben beschrieben wurde. Sie atmet so tief, wie sie kann. Man sieht deutlich, dass sie diese Atemtechnik nicht gewöhnt ist. Aber sie hält durch. Dann fließen Tränen. „Was ist los?", frage ich. „Kummer", antwortet sie. „Ich weiß nicht, warum, aber ich spüre ihn schon sehr lange. Jetzt kommt er zum ersten Mal nach oben."

Wir lehren eine sehr nützliche Technik, die Ihnen hilft, Emotionen zu verarbeiten. Viele Menschen haben sie erlernt, und sie war immer wieder erfolgreich. Auch Kinder können lernen, unangenehme Gefühle nicht zu unterdrücken, sondern auf einfache Weise zu verarbeiten.

Sie beginnen damit, dass Sie sich ganz darauf konzentrieren, was Sie fühlen. Es kann eine Emotion, ein tiefes Gefühl, aber auch ein körperliches Symptom wie Magenkrämpfe sein. Das ist sehr wichtig. Wahrscheinlich sind Sie daran gewöhnt, unangenehme Empfindungen beiseite zu schieben. Dann stagniert der Prozess. Nur wenn Sie Ihre Aufmerksamkeit dem Gefühl zuwenden, fließt Energie hinein. Dann ist eine Entwicklung möglich. Was stagnierte, fließt wieder. So einfach ist das!

Diese Methode verbinden Sie mit einer bestimmten Atemtechnik. Sie atmen tief in den Bauch, also in den Unterbauch hinein. Dadurch leiten Sie stagnierende Energie nach unten, wo die Bauchorgane sie verarbeiten und das Wurzelchakra sie schließlich in die Erde ableitet. Tiefe Bauchatmung bedeutet, dass der Bauch sich beim Ein- und Ausatmen über dem Schambein sofort geschmeidig und ohne Anstrengung mitbewegt.

Sie atmen also „im Bauch" – langsam ein, langsam aus. Dabei konzentrieren Sie sich ganz auf das, was Sie wahrnehmen: eine Emotion, ein Gefühl oder eine körperliche Empfindung. Sie werden bemerken, dass Ihr Geist viele Gedanken oder, wenn Sie gerne bildhaft denken, allerlei Bilder erzeugt, um Sie abzulenken. Wenn Sie nicht aufpassen, wendet sich Ihre Aufmerksamkeit vom Fühlen ab und diesen Gedanken oder Bildern zu. Dann fließt auch die Energie dorthin, und Sie können nicht mehr verarbeiten, was Sie fühlen. Genau das will der Geist erreichen – er will Ihnen „helfen", nichts zu fühlen und vor unangenehmen Empfindungen zu fliehen. Aber das nützt Ihnen nichts, weil Ihr System stagniert, wenn Sie nichts fühlen. Lassen Sie die Gedanken und Bilder einfach kommen und gehen, *ohne sie zu beachten*. Sobald Sie merken, dass Ihre Aufmerksamkeit abschweift, führen Sie sie zurück zum Fühlen, ohne Streit, ohne Diskussion. Tun Sie es einfach.

Wenn Sie diese Anleitung befolgen, stellen Sie in neun von zehn Fällen fest, dass das ursprüngliche Gefühl, dem Ihre Aufmerksamkeit gilt, sich verändert. Meist geschieht das innerhalb von zehn Sekunden – so schnell geht das. Sie brauchen unangenehme Gefühle also nicht zu verdrängen. Wenn Sie ihnen Ihre ungeteilte Aufmerksamkeit widmen und gleichzeitig im Bauch atmen, werden sie transformiert und fühlen sich dann anders an.

Manchmal genügt das schon. Meist melden sich jedoch weitere Emotionen oder körperliche Empfindungen. Es ist wie bei einer Zwiebel: Nachdem Sie eine Schicht transformiert haben, kann die nächste auftauchen. Mit ihr verfahren Sie genauso wie mit der ersten Schicht. So verarbeiten Sie eine Schicht nach der anderen. Wenn Sie diese Übung regelmäßig machen, brauchen Sie normalerweise nur ein paar Minuten dafür. Falls Sie jedoch Ihr Leben lang Gefühle unterdrückt haben und sie nun zum ersten Mal durch Brustatmung und Streck- und Dehnübungen nach oben bringen, brauchen Sie mehr Zeit. Vielleicht haben Sie nach zehn oder fünfzehn Minuten genug davon, oder Ihre Konzentration lässt nach. Das ist in Ordnung. Sie sind eben mit der Verarbeitung im Rückstand. Gehen Sie wieder Ihrer täglichen Arbeit nach, und wiederholen Sie die Übung innerhalb eines Tages. Wenn der Rückstand groß ist, sollten Sie die Übung ein- oder zweimal täglich machen. Mit der Zeit wird Ihr Energiesystem immer frischer, und es fällt Ihnen leichter, das große Herz zu erreichen.

Sie können diese Übung auch „mit Rückwirkung" machen. Nehmen wir an, Sie haben gegen Mittag etwas erlebt, woran Sie jetzt nicht denken wollen. Dann können Sie sich am Abend (oder eine Woche später) damit befassen. Denken Sie an das Ereignis. Holen Sie das Gefühl zurück. Es kann auch eine körperliche Verspannung sein. Sobald Sie ein deutliches Gefühl spüren, das mit dem Ereignis verbunden ist, konzentrieren Sie sich darauf. Sie erinnern sich daran, dann lassen Sie es los (andernfalls ist der Geist wieder zu aktiv) und machen die folgende Übung. Eine andere Möglichkeit besteht darin, jeden Abend Rückschau auf den Tag zu halten und sich wie oben beschrieben auf jene Erlebnisse zu konzentrieren, die Sie belastet haben. So bleibt Ihr System sauber und im Gleichgewicht.

ÜBUNG: Emotionen und Schmerzen schnell und wirksam verarbeiten

- Atmen Sie im Bauch. Atmen Sie langsam ein und langsam aus. Wenn Sie auch im Brustkorb atmen, dürfen die Schultern sich nicht mitbewegen. Atmen Sie während der ganzen Übung unten im Bauch, ganz besonders, wenn sich starke und schmerzliche Gefühle einstellen.

- Konzentrieren Sie sich darauf, was Sie fühlen. Es kann eine Emotion, aber auch körperliche Anspannung sein. Lassen Sie sich nicht ablenken.

- Wenn Sie merken, dass Gedanken oder Bilder Sie ablenken wollen, führen Sie Ihre Aufmerksamkeit ruhig, aber bestimmt zum Fühlen zurück.

- Wenn die Emotion schwächer geworden ist, prüfen Sie, ob eine andere Emotion oder körperliche Empfindung sich meldet. Wenn ja, wiederholen Sie diese Übung so lange, bis Sie auf keine neue Schicht mehr stoßen.

- Wenn Sie eben erst begonnen haben, kann es sein, dass sich immer wieder Empfindungen einstellen. Hören Sie in diesem Fall auf, sobald Sie spüren, dass es genug ist. Machen Sie ein anderes Mal weiter.

VORLÄUFIGE ZUSAMMENFASSUNG

Bevor wir fortfahren, wollen wir die bisherigen Ergebnisse zusammenfassen. In diesem Kapitel geht es darum, wie Sie in Ihr großes Herz gelangen. Zuerst haben wir besprochen, wie Sie im Herzen wieder mehr fühlen können (Brustbein beim Atmen nach vorne schieben, Streckund Dehnübungen). Es kann sein, dass Sie dabei größere Schmerzen spüren, Schmerzen, die Sie bisher unter dem steifen Brustbein verborgen haben. Es handelt sich hier um emotionale Schmerzen, manchmal um tiefsitzende Schmerzen. Darum haben wir eine Übung beschrieben, mit der Sie die Schmerzen verarbeiten können – fast mühelos. So können Sie Ihr Herz offen halten und brauchen keine Angst mehr vor Ihren Gefühlen zu haben. Sie haben mehr Platz, um tiefer ins Herz hineinzugehen. Denn solange Sie Angst davor haben, im Herzen zu fühlen, ist es schwierig, das große Herz zu erreichen. Doch nun ist der Weg frei. Deshalb folgen nun Übungen, die Ihnen helfen, Kontakt mit Ihrem großen Herzen aufzunehmen.

KONTAKT MIT DEM GROSSEN HERZEN AUFNEHMEN

Es gibt viele Wege ins große Herz. Wir beschreiben hier drei davon. Die erste Methode geht so: Konzentrieren Sie sich auf Ihr Herzchakra (mitten auf dem Brustbein). Gehen Sie von dort aus in Ihrer Vorstellung nach hinten, bis Sie am Rückgrat herauskommen. Stellen Sie dort einen hübschen Stuhl hin, und setzen Sie sich bequem darauf. Seien Sie einfach da. Stimmen Sie sich nun auf das große Herz ab. Sie fühlen es als Ruhe, Stille, Liebe, Frieden und endlosen, zeitlosen Raum. An diesem Ort (hinten im Herzchakra) können viele Menschen die Ausstrahlung des großen Herzens ziemlich gut wahrnehmen.

Die zweite Technik nutzt die Farbe Rosa, die eine ganz besondere Kraft hat. Sie ist eine Brücke zum großen Herzen. Sie können ein helles oder ein dunkles Rosa verwenden, je nachdem, was bei Ihnen am besten wirkt. Viele Menschen haben Erfolg, wenn sie diese Methode mit der ersten verbinden: Konzentrieren Sie sich aufs Rückgrat in Höhe des Herzchakras. Dort sehen Sie ein strahlend helles rosafarbenes Licht. Wenn Sie dieses Licht nicht sehen, dürfen Sie auch wissen oder denken, dass dort ein hellrosa Licht strahlt. Wie fühlt sich das an? Viele Menschen stellen auf diese Weise einen guten Kontakt mit ihrem großen Herzen her.

Die dritte Methode nutzt die Kraft des Rosenquarzes. Er zeigt uns den Weg zum großen Herzen. Darum benutzen wir diesen Stein in unserer Arbeit ziemlich oft und bieten ihn auch in unserem Webshop an (siehe www.de-verbinding.com). Rosenquarz fühlt sich wie alle Steine kalt an. Aber wenn Sie sich auf ihn abstimmen, spüren Sie eine warme Strahlung. Dies ist das Energiefeld des Steins. Es gibt verschiedene Methoden, um mit Hilfe von Rosenquarz dem großen Herzen näher zu kommen. Sie können sich zum Beispiel vorstellen, dass Ihr Herzchakra hinten am Rückgrat aus prächtigem Rosenquarz besteht. Die Schwingung des Rosenquarzes stimmt Sie von selbst auf die Frequenz Ihres großen Herzens ab. Sie können auch ein Stückchen Rosenquarz in die Hand nehmen und sich vorstellen, dass die rosa Energie durch Ihren Arm ins Herzchakra fließt. Fühlen Sie, wie sich dieses Chakra der rosa Energie öffnet. Oder halten Sie die Hände über einen Stein, anstatt ihn festzuhalten.

Sie können dem Rosenquarz auch einen Platz in Ihrem Wohnzimmer geben. Dafür nehmen Sie am besten ein ordentliches Stück von beispielsweise zehn Kilo und legen es dort hin, wo Sie am häufigsten sitzen. Jedes Familienmitglied kommt dann mit den subtilen Schwingungen des Rosenquarzes in Kontakt. Unserer Erfahrung nach können dadurch kleine Wunder geschehen. Sie können auch ein Stück Rosenquarz eine Zeitlang in Wasser legen und dieses Wasser dann trinken. Wenn die Sonne auf das Wasser geschienen hat, fließt noch mehr Energie aus dem Stein ins Wasser.

ÜBUNG: Kontakt mit dem großen Herzen aufnehmen

Dies sind einige Brücken zum großen Herzen:

· Konzentrieren Sie sich auf das Herzchakra.

· Gehen Sie von dort nach hinten, bis Sie am Rückgrat herauskommen.

· Nehmen Sie dort fühlend wahr.

· Sobald Sie Licht, Raum, Wärme und Liebe fühlen, nehmen Sie die Ausstrahlung Ihres großen Herzens wahr.

· Stellen Sie dort einen hübschen Stuhl hin, setzen Sie sich, und nehmen Sie diese Strahlung wahr.

Die zweite Methode baut auf der ersten auf. Die Farbe Rosa dient als Brücke, damit Sie sich auf die Ausstrahlung des großen Herzens abstimmen können.

· Konzentrieren Sie sich auf das Herzchakra.

· Gehen Sie von dort nach hinten, bis Sie am Rückgrat herauskommen.

· Schauen Sie, ob dieser Ort hellrosa leuchtet. Wenn Sie es nicht sehen, können Sie es auch denken oder wissen.

· Fühlen Sie nun das rosa Licht.

· Stellen Sie dort einen hübschen Stuhl hin, setzen Sie sich, und nehmen Sie diese Strahlung wahr.

Die dritte Technik benutzt Rosenquarz.

- Betrachten Sie ein Stück(chen) Rosenquarz.
- Konzentrieren Sie sich auf das Herzchakra.
- Gehen Sie von dort nach hinten, bis Sie am Rückgrat herauskommen.
- Visualisieren Sie dort den Rosenquarz.
- Wie fühlt sich dieser Ort jetzt an?
- Sobald Sie Licht, Raum, Wärme und Liebe fühlen, nehmen Sie die Ausstrahlung Ihres großen Herzens wahr.
- Stellen Sie dort einen hübschen Stuhl hin, setzen Sie sich, und nehmen Sie diese Strahlung wahr.

Wenn Sie diese Übungen machen, geschieht etwas ganz Besonderes: Ihr BZ verlagert sich; es nähert sich dem Körper. Es nähert sich? Liegt es denn nicht *im* Körper, wenn Sie sich auf die hintere Seite des Rückgrats konzentriert haben? Nun, es kommt selten vor, dass ein Mensch mit dünner Aura mit einem einzigen Sprung von draußen in den Körper hineinspringen kann. Aber das BZ verschiebt sich ein wenig zum physischen Körper hin. Auch die Aura wird dann etwas kleiner. Wie weit das BZ sich verlagert und wie stark die Aura sich verengt, ist unterschiedlich. Aber am wichtigsten ist, dass die Richtung stimmt!

Wenn Sie diese Übung öfter wiederholen, schiebt sich das BZ immer näher an den Körper heran und bleibt schließlich in ihm. Es gibt auch andere Übungen, die das BZ beeinflussen. Wenn Sie Ihre Aura zusammenziehen, verlagert sich das BZ ebenfalls. Und wenn Sie beide Methoden kombinieren, verlagern Sie Ihr BZ schneller zurück in den Körper. Im folgenden Kapitel gehen wir näher darauf ein.

8
DIE AURA VERKLEINERN

In diesem Buch geht es um Schwingungsresonanz und energetischen Schutz. Wir haben gesehen, dass feinstoffliche Überempfindlichkeit oft auf eine Aura zurückzuführen ist, die sehr groß ist und sich dadurch zu einer höchst empfindlichen Antenne entwickelt hat. Wenn wir diese Aura verkleinern, lässt die Hypersensibilität nach. Was die energetische Stabilisierung anbelangt, ist es also sehr erwünscht, eine zu große Aura kompakter zu machen. In diesem Kapitel beschreiben wir, wie das geht. Auch die Beziehung zum BZ werden wir erörtern. Im letzten Teil des Kapitels untersuchen wir, was Ihnen bevorsteht, wenn Ihr Vorhaben gelingt.

8.1
DIE AURA VERKLEINERN: ÜBUNGEN

Wenn Sie die Aura verkleinern, gehen Sie von einem bestimmten Punkt aus. Wir haben ausführlich erklärt, warum das große Herz sich dafür sehr gut eignet. Deshalb nehmen unsere Übungen immer das große Herz zum Ausgangspunkt. Das hört sich einfach an – aber in Wirklichkeit ist bei den meisten Menschen ein längerer Prozess notwendig, um sich mit dem großen Herzen enger zu verbinden. Zwei Entwicklungen können also gleichzeitig ablaufen:

Kontakt mit dem großen Herzen aufnehmen.

Die Aura verkleinern.

Das große Herz ist Ihr göttlicher Funke, die Quelle allen Lebens. Sie werden lernen, sich dem Licht dieser Quelle immer weiter zu nähern. Falls Sie dabei hinfallen, stehen Sie einfach wieder auf und machen weiter. Vielleicht haben Sie in diesem Augenblick mehr Kontakt und eine Stunde später viel weniger. Es geht nicht um alles oder nichts, sondern um den guten Vorsatz, die Richtung. Sie müssen auch keine bestimmten Fertigkeiten erwerben, bevor Sie Ihre Aura verkleinern können. Bei vielen Menschen ist es sogar umgekehrt: Wenn sie ihre

Aura zusammenziehen, nehmen sie ihr großes Herz besser wahr. Beide Entwicklungen hängen miteinander zusammen. Je häufiger Sie im Licht Ihres großen Herzens leben, desto kleiner wird Ihre Aura und desto einfacher ist es, sie zu verkleinern. Und je kleiner die Aura wird, desto leichter fällt es Ihnen, das große Herz wahrzunehmen.

Für die Übungen bedeutet das, dass Sie zunächst Kontakt mit dem Herzen aufnehmen, so tief und breit, wie es Ihnen möglich ist. Vielleicht ist das ein großes, starkes Gefühl; vielleicht gelingt es Ihnen gar nicht. Im letzteren Fall konzentrieren Sie sich auf die Mitte des Brustkorbs und ziehen dann die Aura zusammen. Falls Sie sich nicht auf den Brustkorb konzentrieren können, legen Sie eine Hand vorne auf das Herzchakra. Den Rücken der anderen Hand legen Sie auf die Rückseite des Herzchakras, also zwischen die Schulterblätter. Beide Hände sollten fest auf der Haut liegen, vielleicht sogar etwas Druck ausüben. Dann wird die Energie doch ins Herz gelenkt.

ÜBUNG: Mit dem großen Herzen in Kontakt sein

> Wenn Sie Ihre Aura zusammenziehen wollen, gehen Sie am besten vom großen Herzen aus. Das ist auf verschiedenen Ebenen möglich.

> · Nehmen Sie mit der Strahlung des großen Herzens Kontakt auf. Geeignete Methoden haben wir oben beschrieben.

> *Falls das nicht gelingt ...*
> · konzentrieren Sie sich auf die Mitte des Brustkorbs und bleiben dort.

> *Sollte auch das nicht gelingen ...*
> · legen Sie eine Hand mitten auf die Brust und den Rücken der anderen Hand zwischen die Schulterblätter. Die Berührung muss spürbar sein. Wenn nötig, üben Sie leichten Druck aus.

DIE AURA ZUSAMMENZIEHEN

Wir haben bereits beschrieben, wie Sie den Energiekörper beeinflussen können: mit Gedanken, mit Bildern, durch Konzentration. Bei den folgenden Übungen nutzen wir diese Prinzipien.

Sie wissen inzwischen, dass Sie die Aura verkleinern, während Sie in Kontakt mit der Strahlung Ihres großen Herzens sind oder sich auf die Mitte des Brustkorbs konzentrieren. Wenn Sie zu Beginn einer Übung Ihre Aufmerksamkeit nach innen wenden, in den Körper hinein, hat das sofort Einfluss auf die Aura: Sie wird kompakter. Das kommt daher, dass Ihre Aufmerksamkeit nach innen gerichtet ist, nicht nach außen. Wenn Sie von diesem Punkt aus die Aura zusammenziehen, verstärken Sie die Bewegung, die bereits begonnen hat, und die Aura verengt sich noch mehr.

Die Grundübung für das Verkleinern der Aura ist sehr einfach. Sie konzentrieren sich auf den hinteren Teil des Herzchakras am Rückgrat. Dort verweilt Ihre Aufmerksamkeit während der ganzen Übung. Dann nutzen Sie Gedanken und Bilder, um den Energiekörper zu beeinflussen: Sie visualisieren, dass Ihre Aura immer kleiner wird. Die Aura richtet sich nach den Bildern und wird sofort kompakter. Wichtig ist, dass Sie sich gut konzentrieren; denn Konzentration ist das Gaspedal bei der Arbeit am feinstofflichen Körper. Je besser Sie sich konzentrieren, desto wirksamer ist die Übung. Konzentrieren Sie sich einige Minuten auf das Bild der schrumpfenden Aura. Schließen Sie die Übung mit der Anweisung ab, dass die Aura von nun an kompakt bleibt, auch nach dem Üben. Je stärker Ihre Willenskraft dabei ist, desto länger bleibt die Aura dann tatsächlich kompakt. Wenn Sie daran zweifeln, dass diese Übung irgendeine Wirkung hat, reagiert der Energiekörper auch darauf unweigerlich und sofort – denn es handelt sich um Gedanken, die mit Emotionen aufgeladen sind. Darum sollten Sie derartige Zweifel unverzüglich beiseite schieben und ihnen keine Aufmerksamkeit schenken. Konzentrieren Sie sich erneut. Dann ist die Übung mit Sicherheit wirksamer.

Sie können beim Zusammenziehen der Aura jedes Bild benutzen, das Ihnen gefällt. Wir machen hier nur einen Vorschlag, der Sie jedoch nicht davon abhalten will, selbst kreativ zu sein. Unsere Klienten und Kursteilnehmer überraschen uns immer wieder mit prächtigen, einzigartigen Bildern. Und weil es eigene Bilder sind, wirken sie sehr gut.

Nehmen wir einen Fallschirm als Beispiel. An den Rändern sind Seile befestigt, die am Brustkorb zusammentreffen. Am Rande der Aura sind ebenfalls Schnüre befestigt. Während Sie sich auf das Herzchakra (hinter dem Rückgrat) konzentrieren, nehmen Sie wahr, dass Sie die Schnüre mit den Händen zu sich heranziehen, vorne und hinten. Die Aura wird schön kompakt und eiförmig.

ÜBUNG: Die Aura mit Bildern verkleinern

- Konzentrieren Sie sich auf das Herzchakra (mitten auf dem Brustbein).
- Wandern Sie dort nach innen, bis Sie am Rückgrat herauskommen. Stellen Sie dort einen Stuhl hin, und setzen Sie sich.
- Ziehen Sie Ihre Aura mit großer Willenskraft zusammen. Verwenden Sie dafür ein Bild, das Ihnen gefällt. Wiederholen Sie diese Übung mehrere Male.
- Beenden Sie die Übung mit der Überzeugung, dass Ihr Energiekörper von nun an kompakt bleibt.

Bilder sind ein gutes Mittel, um den feinstofflichen Körper zu beeinflussen. Aber nicht jeder kann mühelos Bilder sehen. Eine andere gute Methode, mit der Sie die Aura beeinflussen können, ist Gedankenkraft. Sie konzentrieren sich wieder auf den hinteren Teil Ihres Herzchakras (am Rückgrat) und verweilen dort während der ganzen Übung. Dann beeinflussen Sie die Aura mit der Kraft Ihrer Gedanken. Denken Sie: *Meine Aura ist jetzt kompakt … meine Aura ist kompakt … meine Aura ist kompakt.* Das beeinflusst die Größe der Aura sofort. Wenn Sie am Lenkrad Ihres Autos drehen, fährt der Wagen eine Kurve. Und wenn Sie denken: *Meine Aura ist kompakt,* wird die Aura sofort kleiner. Das haben wir bei uns und bei vielen Kursteilnehmern und Klienten festgestellt. Es hilft immer. In welchem Umfang es wirkt, hängt unter anderem von zwei Faktoren ab, die Sie selbst in der Hand haben: Konzentration und Entschlossenheit. Wenn Sie keinerlei Zweifel daran hegen, dass Ihre Aura jetzt tatsächlich kleiner ist, hat das eine viel größere Wirkung, als wenn Sie denken: *Erst sehen, dann glauben.* Denken Sie also: *Meine Aura ist jetzt kompakt. Ich habe meine Aura im Griff.* Seien Sie davon überzeugt, dass das stimmt.

ÜBUNG: Die Aura mit Gedanken kompakter machen

- Konzentrieren Sie sich auf das Herzchakra (mitten auf dem Brustbein).
- Wandern Sie dort nach innen, bis Sie am Rückgrat herauskommen. Stellen Sie dort einen Stuhl hin, und setzen Sie sich.
- Denken Sie: *Meine Aura ist jetzt kompakt.* Wiederholen Sie das einige Male sehr konzentriert und entschlossen.
- Beenden Sie die Übung mit der Überzeugung, dass Ihr Energiekörper von nun an immer kompakt ist.

Manche Menschen können gut und tief fühlen. Anweisungen wie „Gehen Sie zum hinteren Rand Ihres Herzchakras" sagen solchen Menschen nicht viel, weil es dabei nicht um Gefühle geht. Wenn wir sagen: „Fühle dein Herz", verstehen sie es hingegen sofort. Sie können Ihr Energiefeld also auch mit Gefühlen kompakter machen. In der folgenden Übung geben wir dafür ein Beispiel.

ÜBUNG: Die Aura mit Gefühlen kompakter machen

- Fühlen Sie Ihr Herz.
- Fühlen Sie Liebe, Stille und Frieden im Herzen, so tief Sie können.
- Fühlen Sie Liebe.
- Bleiben Sie ruhig und entspannt.
- Stellen Sie sich vor, dass Ihre Aura ganz kompakt ist. Wie fühlt sich das an?
- Fühlen Sie, dass Ihre Aura immer kompakter wird.
- Fühlen Sie, dass Sie Ihre Aura im Griff haben.
- Fühlen Sie, dass Ihre Aura von nun an kompakt bleibt.

Diese Übung wendet sich auch an das große Herz. Liebe, Stille und Frieden sind Eigenschaften des großen Herzens. Wenn Sie diese Eigenschaften fühlen, haben Sie Ihre Aufmerksamkeit von außen nach innen verlagert: in die Strahlen des großen Herzens.

Bei den beiden vorherigen Übungen haben wir die Anleitung auf zwei Punkte beschränkt:

Konzentrieren Sie sich auf das Herzchakra (mitten auf dem Brustbein).

Wandern Sie dort nach innen, bis Sie am Rückgrat herauskommen. Stellen Sie dort einen Stuhl hin, und setzen Sie sich.

Dadurch gelangen Sie in einen Bereich, in dem Sie die Strahlen Ihres großen Herzens leicht(er) wahrnehmen können. Und wenn Sie sich darauf konzentrieren, nehmen Sie die Strahlen besser wahr, als wenn Sie sich beispielsweise auf die Vorderseite des Herzchakras konzentrieren würden. Sie können die Schrumpfung der Aura verstärken, indem Sie Ihre Aufmerksamkeit zuerst auf das große Herz richten und sich dann auf seine Qualitäten konzentrieren: Liebe, Licht, Sonne, Wärme, Strahlung. Friede, Ruhe, Stille … Dabei verlagert sich Ihre Wahrnehmung. Die Liebe und das Licht waren immer dort; aber Sie haben sie nicht wahrgenommen. Sie verlagern Ihre Aufmerksamkeit von einem Bereich, in dem Sie weniger Liebe fühlen, in einen anderen Bereich, in dem Sie mehr Liebe fühlen.

Natürlich fällt es nicht jedem Menschen jederzeit leicht, Kontakt mit diesen erhabenen Gefühlen aufzunehmen. Darum haben wir im Abschnitt 7.3 Brücken beschrieben, die Ihnen dabei helfen. Eine von ihnen war das Visualisieren oder Wissen eines rosafarbenen Lichts im hinteren Teil des Herzchakras. Eine andere Brücke war die Arbeit mit Rosenquarz. Diese Brücken können Sie auch bei den eben beschriebenen Übungen benutzen, um sich inniger mit dem großen Herzen zu verbinden, bevor Sie Ihre Aura zusammenziehen.

8.2
DIE AURA LENKEN: AMORAS TECHNIK

Vor Jahren lehrten wir während eines Amora-Workshops eine Technik, mit der man die Aura lenken kann. Seither haben wir sie vielen

Klienten und Kursteilnehmern empfohlen, weil sie wirksam ist. Die Übung besteht aus drei Teilen. Das Ziel des ersten Teils ist eine bessere Erdung; der zweite reinigt die Aura; und der dritte schützt die Aura. Wir beschreiben zuerst die Technik und erläutern sie dann.

ÜBUNG: Die Aura mit der Amora-Technik lenken

Erdung

- Setzen Sie sich hin, ohne Arme und Beine zu kreuzen.
- Atmen Sie entspannt im Bauch.
- Konzentrieren Sie sich auf die Kopfmitte. Von diesem Punkt aus machen Sie diese Übungen.
- Frauen: Konzentrieren Sie sich auf das zweite Chakra (auf halbem Weg zwischen Schambein und Nabel).
- Männer: Konzentrieren Sie sich auf das erste Chakra (Steiß).
- Visualisieren Sie eine 10 bis 15 cm dicke spiralige Lichtkordel, die am zweiten Chakra (bei Frauen) oder am ersten Chakra (bei Männern) befestigt ist.
- Sehen, fühlen oder wissen Sie, dass diese Kordel durch alle Schichten der Erde läuft, bis sie den magnetischen Kern erreicht. (Ihr Bewusstsein bleibt mitten im Kopf – das heißt, Sie reisen nicht mit.)

Reinigung

- Erden Sie sich (falls Sie es bereits getan haben, brauchen Sie es nicht noch einmal zu tun).
- Ziehen Sie Ihre Aura zusammen, bis sie einen Umfang von einem Meter hat. Tun Sie das mit Ihrer Willenskraft (unten, oben, hinten, vorne und seitlich: wie ein Ei).
- Visualisieren Sie einen Regenbogen aus goldenem, flüssigem Licht, das über und durch die eiförmige Aura fließt.

- Visualisieren Sie ein großes violettes Feuer. Hüllen Sie Ihre Aura in dieses violette Feuer ein, auch unter den Füßen und hinten. Löschen Sie die violette Flamme, und öffnen Sie die Augen.

Heilen und schützen

- Ziehen Sie die Aura bis auf einen Meter zusammen, bis sie Ihren Körper wie ein Ei umgibt. (Selbst wenn Sie das bereits getan haben, lohnt sich eine Wiederholung.)

- Nehmen Sie intuitiv wahr, welche Farben Ihre Aura noch braucht. Leiten Sie diese Farben in die Aura, in das Ei.

- Lassen Sie einen goldenen Regen über die Aura und durch sie hindurch fließen (also in das Ei und über das Ei).

- Bedecken Sie das Ei dann mit einer 2 bis 5 cm dicken Schicht aus goldenem Sonnenlicht. (Das goldene Licht füllt Lücken in der Aura und fördert die Selbstheilung.)

- Um Vertrauen und Sicherheit zu stärken, können Sie die Aura in leuchtendes königsblaues Licht hüllen (nie in trübes Dunkelblau!).

- Um sich zu schützen, können Sie eine Schicht violettes Licht (aufpassen: Licht, nicht Feuer) zum äußeren Rand der Aura fließen lassen.

Wenn Sie die Aura zusammenziehen, gehen Sie vom Herzen aus. Stellen Sie die Verbindung mit dem Herzen her, so gut Sie können. Wenn das nicht gelingt, konzentrieren Sie sich einfach auf diese Stelle und ziehen dann die Aura zusammen. Denken Sie daran, dass eine sehr dünne Aura wahrscheinlich viel dünner bleibt, als Sie annehmen. Vielleicht denken Sie in diesem Augenblick, Ihre Aura habe einen Umfang von einem Meter, während es in Wirklichkeit viele Meter sind. Darum ist es wichtig, die Aura immer weiter zusammenzuziehen.

Gold hat den Vorzug, nicht zu verschmutzen. Goldenes Licht hilft Ihnen, Ihre Energie nicht mit der Energie anderer zu vermischen und sich besser abzugrenzen. Gold stärkt die gesunde Ich-Kraft sehr. Wenn Sie goldene Energie in Form von goldenem Licht in Ihre Aura leiten, dann sagen Sie: „Das bin ich – und das bist du." Violettes Licht transformiert niedere Energie in höhere. Das bedeutet: Niedrigere Energie wird in ein anderes Feld aus höherem Bewusstsein gebracht. Mit violettem Licht erhöhen Sie die Schwingungsfrequenz im ganzen Energiesystem und machen es reiner. Das gilt sowohl für Ihre Energie als auch für die Energie anderer Menschen, die sich in Ihrer Aura befindet. Wenn Sie mit violettem Feuer arbeiten, fügen Sie das Element Feuer hinzu. Feuer verbrennt. Es reinigt sehr gründlich. Aber Feuer kann auch zu viel des Guten sein. Dann geraten Sie aus dem Gleichgewicht. Deshalb ist eine gewisse Zurückhaltung angebracht. Am besten löschen Sie die violette Flamme am Ende der Reinigungsübung und runden das Ganze mit violettem *Licht* – nicht mit Feuer – ab. Diese Technik kostet anfangs etwas Zeit; aber sobald Sie sie gemeistert haben, geht es schneller, und Sie brauchen für die ganze Übung nur noch eine Minute. Sie können diese Methode oft anwenden, Jahr für Jahr, zumindest so lange, wie Ihre Aura ziemlich dünn ist.

8.3
DIE AURA ZUSAMMENZIEHEN UND DAS BZ NACH INNEN BRINGEN … WER DURCHHÄLT, GEWINNT IMMER!

Nehmen wir an, Sie haben Ihr Aura verkleinert. „So, das wäre geschafft" – denken Sie. Fünf Minuten später ruft eine Freundin an, mit der Sie oft Gefühle austauschen. Und im Nu wird Ihre Aura wieder größer, und Sie „zerfließen". So ist das eben. Eine Aura ist nicht konstant, sondern äußerst dynamisch und beweglich; sie passt sich Ihrem jeweiligen Zustand an. Sie können die Aura innerhalb einer Minute für kurze Zeit verändern. Aber wenn Sie ständig in einer kompakten Aura leben wollen, brauchen Sie dafür Wochen, Monate oder gar Jahre. Wie lange es dauert, hängt davon ab, wer Sie sind, was für Möglichkeiten Sie haben und wie konzentriert Sie daran arbeiten, Ihre Aura zu verkleinern. Die Menschen unterscheiden sich sehr, was diese Aspekte anbelangt.

Außerdem verläuft die Entwicklung bei jedem Menschen sprunghaft. Heute gelingt eine Übung sehr gut, morgen vielleicht nicht. In diesem Monat üben Sie jeden Tag, im nächsten haben Sie keine Lust. Es ist Ihr Prozess, und Sie vollziehen ihn auf Ihre eigene, einzigartige Manier.

Manchmal spüren Sie eine deutliche Entwicklung. Ein andermal gelangen Sie an einen Hügel, den Sie mühelos meistern, und bisweilen stehen Sie vor einem unüberwindlichen Berg. Das ist normal. Wenn Sie Ihr BZ nach innen verlagern, verändern Sie sich nämlich. Sie haben eine andere Lebensauffassung. Ihre Aufmerksamkeit ist weniger nach außen und mehr nach innen gerichtet. Das kann ziemlich ungewohnt sein. Vielleicht erfahren Sie auch manches über sich selbst, was Sie bisher nicht wussten. Das können Wünsche und Sehnsüchte sein, die in Ihrem jetzigen Leben unerfüllbar sind. Möglicherweise ist Ihr Leben ganz in Ordnung: Sie haben einen Partner, Kinder, ein Haus, eine feste Anstellung und so weiter. Dann kann es unangenehm sein, in sich ein tiefes Verlangen nach einem anderen Beruf zu entdecken. Denn was wird dann aus Ihrer Hypothek? Und das ist nur *ein* Beispiel.

Es kann auch durchaus sein, dass recht unschöne Gefühle ans Tageslicht kommen. Gefühle, die Sie bisher wenig beachtet haben, weil sie Ihnen nicht bewusst waren. Vielleicht lauerten diese Gefühle irgendwo in der Ferne; aber Sie haben sie verdrängt. Doch nun sind Sie mehr nach innen gewandt, und Sie können diesen Gefühlen nicht mehr entkommen – sie drängen sich Ihnen einfach auf. Die Gefühle können auch mit der früheren Situation zusammenhängen, die der Grund für Ihre zu große Aura war. Es ist oft hart, sich damit auseinanderzusetzen. Vielleicht empfinden Sie tiefen Verdruss, weil Sie Ihre eigenen Wünsche nicht kannten und daher viele Chancen verpasst haben. Es kann schmerzhaft sein, wieder nach Hause zu gehen, in ein Haus, das staubig geworden ist, weil niemand es geputzt hat – es war ja niemand da, der den Staub hätte sehen können.

Wenn Sie Ihre Aura zusammenziehen, können sich nach und nach auf solche Hindernisse stoßen. Zum Glück hat die Medaille auch eine Kehrseite: Sie sind froh, lebendig, glücklich. Sie freuen sich darüber, wieder engeren Kontakt mit sich selbst zu haben. Sie sind glücklich, weil Sie jetzt besser verstehen, was mit Ihnen los ist. Und Sie haben wieder Hoffnung, weil Sie wissen, wie Sie Ihre Probleme überwinden können. Es ist eine realistische, begründete Hoffnung.

Stellen Sie sich vor, das Zusammenziehen der Aura ginge nicht Schritt für Schritt vonstatten, sondern wir besäßen eine Zauberformel, mit der Sie Ihr Ziel auf einen Schlag und ein für allemal erreichen könnten. Was würde geschehen? Wären Sie dann glücklicher, als wenn Sie einen Schritt nach dem anderen gehen müssten, mit großer Eigeninitiative und viel Einsatz? Wohl kaum! Die Veränderung wäre nämlich viel zu groß. Die meisten Menschen verkraften so große Veränderungen nicht. Prozesse laufen immer allmählich ab. Wenn der Wandel zu groß ist, erleben wir ihn oft als Schock. Wer eine sehr dünne Aura hat, ist mit seinem Energiefeld stark nach außen gewandt. So lebt dieser Mensch. Würde er nun plötzlich in Kontakt mit sich selbst kommen und diese Verbindung zur Lebensgrundlage machen, wäre das eine gewaltige Veränderung. Er wäre sich selbst fremd. Wenn ein Wandel sich nach und nach entfaltet, halten wir mit ihm Schritt. Wir bleiben wir selbst, weil wir uns in kleinen Schritten verändern, die uns nicht überfordern. Der Prozess mag Zeit kosten – vielleicht gerade deshalb, weil es notwendig ist, um durchzuhalten.

Ein Prozess kostet also Zeit. Was geschieht unterwegs? Fast jedem fällt es schwer, bei der Stange zu bleiben. Angenommen, Sie arbeiten schon ein paar Wochen oder Monate und finden, das sei genug. Nun, unserer Erfahrung nach gewinnt jeder, der durchhält! Das haben wir bei sehr vielen Klienten und Kursteilnehmern erlebt. Wer durchhält, verändert sich tiefgehend und strukturell. Wir haben Menschen vollkommen leer in unsere Praxis kommen sehen. Leer und erschöpft, weil sie jahrelang Energie verschenkt hatten; weil sie nicht ihr eigenes Leben, sondern das Leben anderer führten; weil sie ihre innere Sehnsucht unterdrückten; weil sie keinen Kontakt mit ihrer inneren Quelle hatten und daher ständig Energie an andere Menschen abgaben; weil sie ihre Chakras für die Dunkelheit öffneten und deshalb in Angst lebten und schlecht schliefen. Und wir haben alle diese Menschen gut erholt hinausgehen sehen. Sie ergriffen in allen Lebensbereichen wieder die Initiative. Sie waren glücklicher. Ihre Kinder wurden stärker, weil Ihre Eltern stärker wurden. Wir haben so viel Schönes erlebt … bei allen, die durchhielten! Durchhalten bedeutet, immer wieder weitermachen, auch wenn Sie keine Lust mehr haben. Weitermachen, wenn Sie das Üben einmal vergessen und deswegen ein schlechtes Gewissen haben. Durchhalten, bis Sie spüren: Ich fühle mich endlich wieder wohl in meiner Haut. So will ich leben, so geht es mir gut!

8.4
GRENZEN ÜBERSCHREITEN

Wenn Sie Ihre Aura zusammenziehen, nähern Sie sich einer Grenze. Manchmal löst sie sich von selbst auf:

Laura verkleinert ihre Aura. Sie merkt, dass es nicht richtig klappt – sie bleibt irgendwo hängen. Also konzentriert sie sich und visualisiert ihr Bild mit all ihrer Willenskraft. Plötzlich spürt sie, dass ihre Aura kompakter wird.

So einfach ist es nicht immer. Es kann sein, dass Sie gegen eine Emotion anrennen, die Sie lieber unterdrücken möchten. Darum kommen Sie nicht weiter. Dann müssen Sie herausfinden, an welcher Stelle der Aura sich die Blockade befindet. Konzentrieren Sie sich auf diesen Punkt. Bleiben Sie dort. Fühlen Sie, wenn Sie ein Fühltyp sind. Wenn Sie lieber mit Bildern arbeiten, richten Sie Ihre Aufmerksamkeit weiter auf diese Stelle in der Aura und lassen die Bilder kommen. So setzen Sie einen Prozess in Gang. Denn die Energie fließt dorthin, wo Ihre Aufmerksamkeit verweilt. Wo Energie ist, da ist Bewegung. Und Bewegung setzt einen Prozess in Gang.

Caroline hat sich für ein paar Minuten zurückgezogen, um ungestört ihre Übungen zu machen. Ihr Mann weiß das. Er sorgt dafür, dass die Kinder seine Frau in Ruhe lassen. Sie konzentriert sich auf ihr großes Herz, um von dort aus die Aura zusammenzuziehen. Aber sie merkt, dass sie nicht in ihr großes Herz hineinkommt. Etwas Dunkles hindert sie daran. Sie merkt, dass sie oben im Brustkorb atmet. Offenbar kommt gleich eine heftige Emotion hoch. Sie legt eine Hand auf ihren Unterbauch. Nein, dort atmet sie überhaupt nicht. Sie konzentriert sich auf die Bauchatmung und schafft dadurch Platz für eine wirksame Verarbeitung ihrer Emotion.

Dann richtet sie ihre Aufmerksamkeit auf die dunkle Stelle und verweilt dort, ohne zu urteilen, ohne Angst. Was dort ist, soll eben sein. Auf einmal fließen unerwartet Tränen. Sie sieht ihre Mutter. Als Caroline drei Jahre alt war, kam ihre Mutter bei einem Unfall ums Leben. Sie kennt ihre Mutter nur von Fotos. Jetzt lässt sie die Tränen fließen, überrascht, aber auch froh, weil sie spürt, dass es gute Tränen sind, befreiende Tränen. Nach zehn Minuten entsteht Raum. Sie macht mit ihrer Übung weiter. Es geht jetzt viel besser.

Manchmal sind Grenzen hartnäckiger als bei Caroline. Dann dauert die Arbeit länger. Folgen Sie dem Schmerz, verweilen Sie dort. Wehren Sie sich nicht dagegen. Atmen Sie gut im Bauch, damit alles, was hochkommt, tatsächlich verarbeitet wird. Akzeptieren Sie den Schmerz. Das ist sehr wichtig, um das, was festsitzt, in Bewegung zu bringen. Gehen Sie mit Ihrer Aufmerksamkeit immer weiter nach innen. Bleiben Sie bei Ihrem Gefühl. Alles, was Sie verarbeiten, kann Ihnen nicht mehr wehtun. Machen Sie so lange weiter, wie es sich gut anfühlt. Vielleicht bewegt sich etwas, vielleicht nicht. Wenn ja, haben Sie wieder ein Hindernis auf dem Weg nach Hause überwunden.

Blockaden mit Farben beseitigen

Es gibt viele Methoden, um Blockaden zu beseitigen. Bekannt sind Blütenarzneien. In anderen Büchern (unter anderem in *Energetischer Schutz: Wie man sich vor Energieverlust, negativen Energien und Schwingungsresonanzen schützen kann*) haben wir dieses Thema ausführlich behandelt. Edelsteinelixiere werden aus Steinen und/oder (Halb-)Edelsteinen gemacht. Sie haben eine starke Wirkung auf den Energiekörper und somit auch auf Blockaden. Farben sind eine weitere Methode (zumindest teilweise, da die Wirkung von Edelsteinelixieren auch auf die Farbe des Steins zurückzuführen ist).

Farben haben auf den feinstofflichen Körper einen enormen Einfluss. Die Kraft der Farben ist groß, und darum sind auch die therapeutischen Möglichkeiten groß. In unserer Praxis arbeiten wir mit einer Farbtherapie, die Aura-Soma heißt. Wir verwenden unter anderem farbiges Licht. Es wirkt schnell und sicher. Das Gleiche gilt, wenn Sie sich Farben vorstellen.

Eine ganz einfache Technik geht so: Konzentrieren Sie sich auf die Blockade, an der Sie arbeiten wollen. Wenn Sie gerne mit Farben arbeiten, können Sie die Blockade vielleicht sehen. Stellen Sie sich dann die Frage, welche Farbe Ihnen hilft, diese Blockade aufzulösen. Welche Farbe bietet sich Ihnen an? Leiten Sie diese Farbe mit der Kraft Ihres Geistes in die Blockade … und schauen Sie zu, wie die Blockade von der Farbe aufgelöst wird. Fragen Sie dann, ob eine weitere Farbe notwendig ist. Lassen Sie dann auch diese Farbe ihr Werk vollbringen. Manchmal brauchen Sie mehrere Farben, weil Sie den Stier nicht gleich an den Hörnern packen können. Dann sind Sie noch nicht auf einen unmittelbaren Kontakt mit der Blockade vorbereitet. Es gibt noch ein Hindernis. Die erste Farbe hilft Ihnen dann, Platz zu schaffen, so dass Sie Kontakt mit der Blockade aufnehmen können. Bisweilen sind mehrere Farben notwendig, um eine Grundlage zu schaffen, auf der Sie das Hindernis überwinden können.

Die Arbeit mit Farben ist einfach. Dennoch wirkt sie durch alle Schichten hindurch. Dabei ist es nicht immer notwendig, die Blockade tief zu fühlen, weil die Farben auf jeden Fall wirken. Das ist gut, solange Sie sich nicht gegen Ihren Schmerz wehren. Nichts stärkt eine Blockade mehr als innerer Widerstand. Erst wenn Sie akzeptieren, dass eine Blockade vorhanden ist, und bereit sind, den damit verbundenen Schmerz im Leben zu spüren, können Sie die Blockade loslassen. Es kann sogar sein, dass Sie den Schmerz dann nicht wirklich spüren müssen.

Peter ist ein empfindsamer Mann mit einer großen Aura. Er kann gut visualisieren. Als er versucht, seine Aura zu verkleinern, merkt er, dass es nicht gelingt. Er wendet seine Aufmerksamkeit nach innen und sucht den Raum, wo er Kontakt mit der Blockade aufnehmen kann. Jetzt sieht er dunkle Farben. In seinem inneren Bild sind die dunklen Farben 2 bis 3 Meter von seinem Herzen entfernt. Peter atmet im Bauch. Er nimmt die dunkle Stelle ruhig und ohne Widerstand wahr. Er spürt Angst, wehrt sich aber nicht dagegen. „Welche Farbe hilft mir, diese Blockade aufzulösen?", fragt er innerlich. Ein leuchtendes Orange bietet sich an. Peter lässt die Farbe ihr Werk tun. Er sieht, dass der dunkle Fleck langsam das Orange aufnimmt. Dann wird der Fleck rot und schließlich weiß – strahlend weiß. Er spürt Erleichterung, Entspannung. Die ganze Prozedur hat keine 5 Minuten gedauert.

Mit Farben können Sie erfolgreich in Ihrem Energiefeld arbeiten! Probieren Sie es, und folgen Sie Ihrer Intuition. Sie werden überrascht sein, wie erfinderisch und kreativ Sie sind. Wichtig ist, dass Sie sich nicht festbeißen, wenn etwas misslingt. Konzentrieren Sie sich immer auf die Tür, die Öffnung, auf die Stelle, wo Raum für Veränderungen ist. Bei jedem Menschen gibt es diese Tür und genügend Raum, um etwas zu verändern. Diesem Ort wenden Sie Ihre Aufmerksamkeit zu.

9
DAS INNERE LICHT

Es gibt Licht, und es gibt Dunkelheit. Das ist die Achse, um die das Leben sich dreht. Vielleicht sind wir uns dessen nicht immer bewusst; aber wenn Sie eine Stunde lang zwischen verschiedenen Fernsehprogrammen hin und her schalten, sehen Sie, dass das Thema Licht und Dunkelheit allgegenwärtig ist. Auch beim Umgang mit Energien geht es um Licht und Dunkelheit. Eine Aura wird größer und empfindlicher, um die Dunkelheit wahrzunehmen. Ein Kind flieht nicht vor dem Licht, es flieht, weil es sich vor der Finsternis fürchtet. Energetischer Schutz ist notwendig, wenn wir mit dunklen Energien konfrontiert werden, die nach unserer inneren Lichtkraft gieren. Denn das Dunkle kennt kein Licht und kann es daher auch nicht selbst erschaffen. Es kann sich nicht selbst mit Licht erfüllen und muss es sich daher anderswo holen. Die Dunkelheit begegnet uns oft in Form von negativen Gedanken und Emotionen, die dann Angst auslösen, weil Dunkelheit ihrer Definition nach lieblos ist. Sie ist auf ihren eigenen Vorteil bedacht und nicht bereit, auf andere Rücksicht zu nehmen. Deshalb ist Angst ein Erkennungsmerkmal der Dunkelheit.

Was können wir tun, wenn wir auf Dunkelheit stoßen? Eine Möglichkeit ist Flucht. Ein Kind, das sein BZ nach außen verlagert, flieht. Aber wir können auch stehen bleiben. Dann bieten sich viele Möglichkeiten an, um dem, was auf uns zukommt, zu begegnen. In unserem Buch *Energetischer Schutz* haben wir viele Techniken beschrieben, mit denen Sie eine schützende Mauer aufbauen und sich von eingedrungenen Energien befreien können. Das sind zwei gute und vernünftige Methoden. In diesem Buch liegt der Akzent auf dem Aufbau der inneren Kraft. Die wichtigste Strategie dabei ist die Verkleinerung der Aura und die Verlagerung des BZ von der Aura ins große Herz. Das hat zwei Vorteile: Wir bleiben wir selbst und neigen weniger dazu, mit fremden Energiefeldern zu verschmelzen; und wir bleiben in unserer eigenen Energie. Der zweite Vorteil ist, dass wir engeren Kontakt mit unserem inneren Licht haben. Dieses Licht ist unser großer Bundesgenosse gegen alles, was dunkel ist.

Dunkelheit ist alles in uns, was in Unwissenheit festsitzt oder von Emotionen wie Angst und Wut gefesselt wird. Um davon loszukommen, können wir unser inneres Licht stärken. Denn Licht beeinflusst alles positiv, was dunkel ist. Es sorgt für Entwicklung, für Bewusstwerdung. Das große Herz ist die größte Lichtquelle in uns. Wenn wir mit weißem Licht arbeiten, fließt dieses immer aus dem Bewusstsein des großen Herzens. Es wird Zeit, dieses weiße Licht genauer zu untersuchen. Dazu machen wir einen Schritt weit über die Grenzen der westlichen Überlieferung hinaus und nehmen Sie mit nach Indien. Fasten your seatbelts!

Wir landen im Herzen Indiens bei den Jainas, einer Minderheit von sieben Millionen Menschen. Sie sind bekannt für ihre Friedfertigkeit. Gandhi ist der bekannteste Vertreter des Prinzips der Gewaltlosigkeit, das die Jainas zum Ausgangspunkt ihrer spirituellen Entwicklung nehmen. Die Tradition der Jainas reicht weit zurück: die heutige Form bis auf das Jahr 600 v.Chr., und davor gab es bereits 23 große, erleuchtete Meister. Das heutige Wissen der Jainas über die Arbeit mit Licht gründet auf dieser langen, uralten Überlieferung. Es ist ein außergewöhnlich faszinierendes Wissen. Wir wollen es so einfach wie möglich zusammenfassen und lassen dabei viele Schritte aus, damit die Erklärung verständlich bleibt. Damit wollen wir aufzeigen, wie Licht wirkt und wie stark es wirkt.

Der Kern des Menschen ist reines Bewusstsein, lautere Essenz. Dieser Kern wird im Christentum göttlicher Funke oder Wesenskern genannt. Die Inder benutzen dafür den Begriff *atman*. Dieser Atman ist mit Körpern bekleidet. Der bekannteste ist der stoffliche Körper. Aber es gibt natürlich noch die feinstofflichen Körper, mit denen wir weiterleben, wenn der physische Leib tot ist. Diesen physischen Leib brauchen wir für das Leben auf der Erde. Er kommt und geht, während die feinstofflichen Körper erhalten bleiben und alles Wissen speichern, das wir auf Erden erworben haben. Alle Erfahrungen liegen im *Karmaleib* offen. Karma bedeutet „Tat". Dieser Körper enthält also einen Bericht über alles, was wir getan haben, in energetischer Sprache.

Der Atman, unser innerer göttlicher Kern, bildet die Mitte. Der erste Körper, der ihn umhüllt, ist der Karmaleib. Der Atman strahlt ständig Energie aus, reines Bewusstsein, energetische Lebenskraft. Dann

106

geschieht etwas sehr Wichtiges: Das Licht ändert seine Qualität und nimmt die Qualität des Karmaleibes auf. Man kann es mit Sonnenlicht vergleichen, das durch ein Buntglasfenster scheint. Vor dem Glas ist es strahlend weiß, danach hat es die Farbe des Fensters. Diese Energie strahlt weiter und verbindet sich mit dem nächsten Körper, der aus Lichtenergie besteht. So entsteht *ein Körper, der aus Farben aufgebaut ist.* Diese Farben strahlen ihr Licht in den physischen Körper hinein. Dort nehmen die sieben Hauptchakras sie auf. Jedes Chakra ist mit einer Hormondrüse verbunden. Diese endokrinen Drüsen steuern den Körper und die Emotionen. Es kann daher sein, dass etwas feinstofflich beginnt und sich dann über die Hormondrüsen grobstofflich auswirkt.

Kehren wir zum Farbenleib zurück. Die Jainas unterscheiden zwischen positiven und negativen Farben. Positive Farben fördern gutes, soziales, edles Verhalten, das uns hilft, mit unserem göttlichen Kern verbunden zu bleiben. Dabei geht es auch um moralisches Verhalten, das alle großen Religionen als Weg zur göttlichen Quelle betrachten. Negative Farben fördern falsches Verhalten, das uns vom Weg nach innen abhält, so dass wir den Kontakt mit unserer göttlichen Quelle verlieren. Das Christentum spricht von Verhaltensweisen, die uns entweder in den Himmel oder in die Hölle bringen.

Die Unterscheidung zwischen positiven und negativen Farben ist nur der erste Schritt. Wir können beide Kategorien weiter unterteilen. Die Jainas sprechen von drei guten und drei schlechten Farben. Die beste Farbe ist „weißes Licht". Dann kommt Gelb und danach Rot. Was die negativen Farben anbelangt, steht mattes Grau an erster Stelle, dann folgen mattes Dunkelblau und zum Schluss Schwarz. Schwarz ist die dunkelste Farbe, die im Energiesystem vorhanden sein kann. Acharya Mahapragna sagt, die Farbe Schwarz versuche immer, eine Form anzunehmen. Einerlei, was Sie tun und wie sehr Sie sich gegen die negativen Impulse dieser Farbe wehren, letztlich bricht sie durch und schadet Ihnen. Die meisten Menschen würden bestätigen, dass sie in ihrem Leben manches getan haben, was falsch war, dass sie sogar wussten, dass es falsch war, dass aber etwas in ihnen stärker war als sie. Abstoßende dunkle Farben symbolisieren Karma, das noch in uns vorhanden ist und Form annehmen will. Diese stumpfen, trüben Farben verleiten uns zu dunklem Verhalten. Trübe Farben absorbieren Licht, sie reflektieren es nicht. Man kann sagen: Sie nehmen alles Licht in sich auf, ohne etwas zurückzugeben. Leuchtendes Schwarz, leuchtendes, tiefes Dunkelblau und leuchtendes Grau sind jedoch gute Farben. Andere Worte für leuchtend sind strahlend, hell, licht, reflektierend und glänzend. Farben ziehen Farben an. Das heißt: Wenn Sie viele lichte Farben im Energiefeld haben, ziehen Sie noch mehr Licht an. Wenn Sie viele trübe, dunkle Farben im Energiefeld haben, ziehen Sie noch mehr dunkle Farben an. Anders gesagt: Licht vermehrt Licht, Dunkelheit vermehrt Dunkelheit.

Warum ist die Theorie der Jainas so wertvoll? Sie haben festgestellt, dass wir dunkle Farben verändern können. Stellen Sie sich vor, was das bedeutet! In Ihnen befindet sich ein altes Programm, das sich selbst verändern will. Es ist ein Programm mit unerwünschten Charaktereigenschaften. Wenn es sich durchsetzt, geht einiges in Ihrem Leben schief. Besser gesagt: Es kann schiefgehen; denn letztlich haben Sie einen freien Willen und können die negativen Impulse Schritt für Schritt in positives Verhalten transformieren. Das gelingt übrigens umso besser, je weniger stumpf oder dunkel die Farbe ist. Aber Sie können dieses Programm auch *löschen*. Sie brauchen sich nur zu setzen und zu konzentrieren und weißes Licht zu visualisieren. So stark ist das weiße Licht. Es verwandelt dunkle Farben allmählich in helle: etwas weniger dunkel ... noch weniger ... bis nur noch weißes Licht übrig ist. So stark ist das weiße Licht. (Die Jainas nennen die systematische Arbeit mit Licht *lesja dhjaan*. Sie ist Teil der *Preksha*-Meditation, die wir als Erste in den Niederlanden unterrichten dürfen.)

Licht beeinflusst also unser Verhalten. Dunkles Licht fördert dunkles Verhalten. Leuchtendes Licht führt zu positivem Verhalten. Vielleicht hört sich das auf den ersten Blick ziemlich neu an; aber wir alle kennen die Kraft des Lichts aus eigener Erfahrung. Der erste Frühlingstag macht uns munter, froh und verspielt. In den Ländern, in denen es im Winter am längsten dunkel ist, gibt es sehr viele Alkoholiker und Selbstmörder.

Licht ist wirksam. Aber was hat es mit energetischem Schutz zu tun? Nun, es gibt viele Möglichkeiten, sich mit Licht zu schützen – seien Sie kreativ. Wir beschreiben hier nur einige Techniken.

Sehen Sie sich als weißes Licht. Ihre ganze Aura ist weißes Licht. Nichts als weißes Licht.

Machen Sie diese Übung zweimal am Tag jeweils zwei Minuten lang. Dies ist eine Technik, die Sie Ihr Leben lang anwenden können und die Ihnen immer größeren Segen bringt. Wenn Sie die Übung längere Zeit regelmäßig machen, wird immer mehr Dunkelheit aus der Aura entfernt. Sie werden immer heller und ziehen deshalb auch immer mehr Licht an. Denn was Sie aussenden, kommt verstärkt zu Ihnen zurück. Dies ist die Grundübung. Wenn Sie kein weißes Licht sehen können, denken Sie einfach: „Ich bin weißes Licht", und wiederholen diesen Satz konzentriert beispielsweise zwei Minuten lang.

ÜBUNG: Ich bin helles, weißes Licht

Dies ist die Grundübung, die Sie jederzeit anwenden können. Sie stärkt Ihre Lichtkraft erheblich.

· Wenden Sie Ihre Aufmerksamkeit nach innen.

· Visualisieren Sie weißes Licht.

· Stellen Sie sich vor, dass Ihre ganze Aura aus weißem Licht besteht.

· Wenn Sie nicht visualisieren können, wiederholen Sie den Satz: „Ich bin weißes Licht."

Machen Sie diese Übung zweimal am Tag jeweils zwei Minuten lang, am besten, solange Sie leben. Sie werden enorm davon profitieren.

Die zweite Übung gilt den Chakras. Wir haben bereits erwähnt, dass Chakras Antennen sind, die unsere Umgebung abtasten. Wenn ein Kind in einer unsicheren Umgebung aufwächst, benutzt es seine Antennen, um herauszufinden, ob etwas Dunkles in der Nähe ist. Zu diesem Zweck stimmt es seine Antenne auf die Dunkelheit ab. Das erzeugt Angst und ein Gefühl der Unsicherheit, denn das Dunkle ist nun einmal überall. Darum sollten wir nicht nach der Dunkelheit suchen, sondern nach dem Licht. Es fördert das Wohlbefinden und das

Selbstvertrauen, macht uns stärker und hilft uns, die Dunkelheit abzuwehren. Um das alte Verhaltensmuster zu brechen, brauchen Sie nur weißes Licht im betroffenen Chakra zu visualisieren. Meist handelt es sich um das dritte Auge und um das Kronenchakra. Das dritte Auge liegt mitten auf der Stirn und zwischen den Augenbrauen. Beide Orte sind für uns wichtig. Visualisieren Sie also der Reihe nach weißes Licht in diesen Chakras. Anfangs genügen etwa zehn Sekunden. Machen Sie die Übung jeden Tag einmal. Erhöhen Sie die Dauer und die Häufigkeit allmählich; denn das Energiesystem muss sich erst an das Licht gewöhnen, wenn Sie bisher auf die Dunkelheit abgestimmt waren. Nehmen Sie sich Zeit. Erzwingen Sie nichts. Wenn Sie ungeduldig sind, dauert es letztlich länger. Zudem wehrt sich die Dunkelheit, und darauf ist Ihre Lichtkraft noch nicht vorbereitet. Sobald Sie Fortschritte gemacht haben, können Sie mit voller Kraft Licht in die Chakras leiten.

Die Chakras sind mit den Hormondrüsen verbunden. Einige dieser Drüsen liegen mitten im Gehirn. Wenn Sie in einem Chakra Licht visualisieren, wird die ganze Umgebung heller, das heißt: von einigen Zentimetern vor dem Körper bis in die Hormondrüsen in der Kopfmitte hinein und rund um sie herum. Auch hier gehen Sie am besten schrittweise vor.

ÜBUNG: Weißes Licht in die Chakras leiten

Diese Übung ist hilfreich

· wenn Sie unruhig sind oder sich unsicher fühlen

· wenn Sie spüren, dass dunkle Energie durch das Kronenchakra oder durch das dritte Auge einströmt

· wenn Sie daran gewöhnt sind, sich durch das Kronenchakra und/oder durch das dritte Auge auf die Dunkelheit abzustimmen

· wenn Sie Stimmen hören

Anleitung:

· Stimmen Sie sich auf das dritte Auge mitten auf der Stirn und zwischen den Augenbrauen sowie auf das Kronenchakra über dem Scheitel ab. Machen Sie die folgende Übung für jedes Chakra.

- Visualisieren Sie weißes Licht im Chakra. Dieses weiße Licht verwandelt alles Negative in Positives.

- Lassen Sie das Licht das ganze Gebiet bestreichen: von der Schädelmitte (den Hormondrüsen) bis einige Zentimeter vor der Haut. Konzentrieren Sie sich weiter auf das weiße Licht.

Vorsicht: Weißes Licht hat eine starke Wirkung. Gehen Sie also langsam vor. Beginnen Sie mit einigen Sekunden, und achten Sie auf Ihre Reaktion. Bleiben Sie im Gleichgewicht. Üben Sie dann ein wenig länger. Erzwingen Sie nichts.

Sobald Sie diese Technik gut beherrschen und zehn Minuten lang weißes Licht in ein Chakra leiten können, ohne dabei aus dem Gleichgewicht zu geraten, dürfen Sie die Übung erweitern. Jetzt arbeiten Sie in der Aura des Chakras. In der vorigen Übung sind Sie nur ein paar Zentimeter in die Aura eingedrungen. Nun gehen Sie allmählich weiter, bis zu einer Entfernung von 50 Zentimetern. Die Aura eines Chakras enthält viele Informationen, verschlüsselt in Farben. Mit dem weißen Licht beeinflussen Sie die Programme positiv. Die Chakras werden immer sauberer, Tag für Tag schöner. Auch diese Übungen können Sie sehr lange machen – nicht 20 Minuten am Stück, sondern monatelang jeden Tag.

ÜBUNG: Mit weißem Licht in der Aura von Chakras arbeiten

Diese Übung dürfen Sie erst probieren, wenn Sie die vorige gut beherrschen; das heißt, wenn Sie zehn Minuten lang weißes Licht in ein Chakra leiten können, ohne dabei die Balance zu verlieren. Wenn Sie diese Übung früher machen, geraten Sie vielleicht unnötig aus dem Gleichgewicht. Solche Prozesse haben ihr eigenes Tempo!

- Machen Sie zuerst zwei Minuten lang die vorige Übung für ein bestimmtes Chakra.

· Lassen Sie das weiße Licht dann die Aura dieses Chakras reinigen, sowohl vorne am Körper als auch hinten (beim Kronenchakra nur nach oben). Vergrößern Sie den Abstand zum Körper allmählich. Beginnen Sie zum Beispiel mit Licht, das zehn Zentimeter in die Aura eindringt, vorne und hinten. Steigern Sie sich dann im Laufe von Wochen auf 50 Zentimeter. Erzwingen Sie nichts, sonst machen Sie keine Fortschritte, sondern Rückschritte!

Diese Übung können Sie Ihr Leben lang machen. Sie ist immer nützlich. Am besten geeignet ist sie für die drei Chakras im Kopf; aber sie ist auch für die anderen Chakras hilfreich. Gehen Sie immer schrittweise vor; denn das weiße Licht kann festsitzende Emotionen auch ins Bewusstsein befördern.

VORTEILE

Die Arbeit mit weißem Licht in der Aura und in den Chakras hat viele Vorteile. Die Schwingung des ganzen Systems wird höher. Sie werden sauberer und verspüren den Wunsch, Ihren Mitmenschen zu helfen. Sie ziehen positive Dinge an. Türen öffnen sich. Das liegt daran, dass Sie anziehen, was Sie aussenden. Wenn Sie weißes Licht ausstrahlen, dann kommt weißes Licht zu Ihnen. Und die Frequenz des weißen Lichtes ist viel wirksamer als tiefere Frequenzen. Das ist sehr wichtig für die weitere Entwicklung.

Da die Schwingung höher wird, werden Sie innerlich ruhiger und sind nicht mehr so empfänglich für niedrigere Frequenzen, die Sie bedrohen. Deshalb sind Sie energetisch besser geschützt. Gewiss, Sie können eine energetische Schutzmauer um sich herum bauen, wie wir in unserem Buch *Energetischer Schutz* beschrieben haben. Aber Sie können auch Ihre eigene Frequenz erhöhen. Die Arbeit mit dem weißen Licht ist dabei eine große Hilfe. Im folgenden Kapitel untersuchen wir weitere Methoden, um die eigene Frequenz zu erhöhen.

10
POSITIVE GEDANKEN UND GEFÜHLE ERZEUGEN HÖHERE SCHWINGUNGEN

Auf der subtilen Ebene sind Gedanken Kräfte, die Botschaften enthalten.

Ich finde dich sehr nett.

Ich bin Ihnen aufrichtig dankbar.

Sie sind ein guter Mensch!

Ich liebe dich.

Diese Botschaften erreichen den Menschen, an den Sie denken. Sie denken an jemanden ... und sofort fließt Gedankenenergie zu ihm oder ihr. Manche Gedanken sind positiv für diese Menschen. Sie helfen ihnen, sich weiterzuentwickeln und besser zu werden. Aber Gedanken können auch andere Botschaften mitteln:

Ich kann dich nicht leiden!

Sie sind ein böser Mensch!

Auch diese Gedanken landen bei dem Menschen, an den Sie denken. Manche Gedanken befinden sich eher auf der mentalen Ebene:

Drei plus sechs ist neun.

Die meisten Gedanken sind jedoch unauflöslich mit Gefühlen oder Emotionen verbunden. Deshalb ist ihre energetische Wirkung viel stärker. Was fängt der andere damit an? Das hängt von Ihnen und von ihm ab.

Lisa hat ein starkes, positives Selbstwertgefühl. Sie ist eine robuste, gesunde, optimistische Frau. Eine Nachbarin spricht mit ihrem Mann über Lisa. „Lisa ist arrogant", behauptet sie. Und so macht sie weiter und baut ein negatives Energiefeld auf.

Bei Lisa kommen diese negativen Gedanken als dunkle, feinstoffliche Wolke an, in derselben Sekunde, in der sie bei der Nachbarin entstanden sind. Das wäre selbst dann der Fall, wenn die Nachbarin und ihr Mann auf der Großen Mauer in China säßen und Lisa zu Hause wäre. Aber Lisa ist auf eine andere Frequenz eingestellt. Sie denkt positiv. Sie liebt ihren Mann, und eben hat sie ihm das gesagt. Die Gedankenwolke der Nachbarin gleitet von Lisa ab wie Wasser von einem Auto in der Waschanlage.

Friederike hat ein schwaches Selbstwertgefühl. Ihre Nachbarin spricht mit ihrem Mann über sie. „Friederike ist so ängstlich wie ein Wiesel", sagt sie geringschätzig. Auf der anderen Seite der Wand sitzt Friederike auf dem Sofa. Sie beginnt sich schlecht zu fühlen. Ganz plötzlich. Was ist nun schon wieder los? Sie versteht es nicht.

Friederike hat wenig Selbstvertrauen. Deshalb ist sie viel anfälliger für die negativen Gedanken anderer. Sie untergraben ihr Selbstbild noch mehr.

Diese einfachen Beispiele (wer kennt sie nicht?) zeigen, dass Gedanken sowohl einen positiven als auch einen negativen Einfluss auf andere haben können. Was geschieht, wenn wir solche negativen Felder erzeugen?

Wir sinken im gleichen Moment selbst auf eine niedrigere Schwingungsebene. Denn negative Gedanken haben nun einmal eine geringere Frequenz als positive. Wir befinden uns in einem negativen Feld. Das hat auch Folgen für uns – denn was wir aussenden, kommt verstärkt zu uns zurück. Wenn Sie negative Energie in den Kosmos leiten, kommt sie verstärkt zu Ihnen zurück. Dann wird Ihre Aura, Ihre Ausstrahlung negativ, und Sie fühlen sich unwohl. So können Sie in eine negative Abwärtsspirale geraten: Immer mehr negative Energie strömt auf Sie ein.

Toni spricht mit seiner Frau über seine Mutter. „Nie hört sie mir zu", sagt er wütend. Seine Mutter reagiert sofort auf die aggressive Energie, obwohl sie 50 Kilometer entfernt ihren Mittagsschlaf macht. Ihr Energiesystem fängt die negative Energie ihres Sohnes auf und reagiert darauf mit einer starken negativen Entladung. Toni wird noch wütender. Das ist seine Reaktion auf die Energie, die seine Mutter ihm schickt. Natürlich ist er sich dessen nicht bewusst – solche feinstofflichen Verbindungen passen nun einmal nicht in das Denkschema unserer Gesellschaft. Aber sein System spricht darauf an, so wie sein Körper auf Bakterien oder Viren. Das weiß er auch nicht – aber sein Körper weiß es und handelt, damit er nicht zu krank wird. Toni und seine Mutter werfen sich negative Energien wie Tennisbälle zu. Und sie werden immer stärker. Das führt zu einem zweiten Phänomen. Toni und seine Mutter geraten auf eine niedrigere Ebene. Sie werden Teil einer niedrigeren Frequenz im Kosmos – unwiderruflich. Da sie abgesunken sind – sie haben ja negative Energie aufgenommen –, hat sich die Frequenz ihrer Ausstrahlung geändert. Deshalb reagieren sie jetzt auch auf andere Energien. Wir können das mit den Ebenen eines Computerspiels vergleichen. Wegen ihrer emotionalen Reaktionen sind sie um eine Ebene gesunken. Dort gelten andere Regeln, andere Gesetze. Und dort sind andere Spieler: Spieler, die sich auf ihrem momentanen Niveau befinden. Das alles erzeugt ein wachsendes Feld aus niedriger Energie.

Wie können Sie das verhindern?

Es geht um eine innere Entscheidung. Wer wollen Sie sein? Wollen Sie positive oder negative Felder erzeugen? Dies wird von Ihren Gedanken bestimmt. Sie sind also selbst dafür verantwortlich, was Sie ausstrahlen. Das ist nun einmal das Gesetz des Karma. Wir haben einen freien Willen; aber was wir aussenden, kommt verstärkt zu uns zurück. Wenn wir sorgfältig darauf achten, was wir aussenden, belasten wir andere viel weniger. Das ist gut für die anderen und für uns. Es hilft auch den Menschen in unserer Umgebung, weil wir mehr positive Energie ausstrahlen. Wir sind auf der feinstofflichen Ebene alle miteinander verbunden. China ist Ihr Wohnzimmer. Auf dem energetischen Niveau gibt es keine Entfernung. Sie können sich nicht herausreden, indem Sie sagen: „Das habe ich nur gedacht. Ich habe doch nichts getan. Ich habe nichts zu ihr gesagt." Jeder Gedanke kommt an!

Wenn wir positive Gedanken und Gefühle erzeugen, entsteht ein Raum in uns und – spürbar – um uns herum, der eine besondere Qualität hat. Er ist hell und freundlich. Auch andere fühlen sich in ihm wohl und sicher. Das energetische Feld, das Sie erzeugen, ist dann verhältnismäßig sauber. Sie sind auf das Licht in sich abgestimmt. Das ist die allerwichtigste Form des energetischen Schutzes!

Verantwortung und Opferrolle

Opferrolle und Verantwortung sind zwei äußerst wichtige Pole im Leben des Menschen. Die Opferrolle ist der Gegenpol der Verantwortungsbereitschaft. Wir begegnen beiden in vielen Facetten. Wer sich ständig als Opfer fühlt, hemmt seine Entwicklung. Diese Einstellung hat zwei Erscheinungsformen, eine passive und eine aktive.

Karl sitzt zusammengesunken und mit hängenden Schultern auf dem Sofa. Er fühlt sich nicht gut und hat auf gar nichts Lust. Schuld ist seine Frau. Sie hat zu ihm gesagt, er sei für das Einkommen der Familie verantwortlich. Sie könne nicht allein den Haushalt versorgen und arbeiten gehen. Die Pflichten müssten gerechter verteilt werden. Karl schämt sich. Er ist ein Nichtsnutz. Er taugt eben nichts. Warum hackt sie immer auf ihm herum? Er ist arm dran. Karl kann sich nur noch selbst bemitleiden.

Der Chef hat Stefan aufgefordert, seine Arbeitseinstellung zu ändern. Das war ein deutlicher und klarer Wink – findet der Chef. In der Mittagspause unterhält sich Stefan mit seinen Kollegen und schimpft ausgiebig über seinen Chef. Dieser elende Kerl ist doch an allem schuld! Wenn er sich normal benähme, gäbe es kein Wölkchen am Himmel.

Es spielt keine Rolle, ob Sie das Opfer sind oder ob Sie jemanden zum Opfer machen – beides wirkt lähmend und hat eine enorm kontaminierende Wirkung auf die Umgebung. Beides hemmt die Entwicklung der Beteiligten. Was die energetische Zusammenwirkung anbelangt, so hilft es sehr, wenn das Opfer seine Rolle aufgibt und Verantwortung übernimmt. Dann schwingt das Energiefeld mit einer höheren Frequenz, und eine positive Entwicklung ist möglich. Sie schauen die Welt mit anderen Augen an. Während Sie früher manches für unmöglich hielten, suchen Sie nun nach Wegen, Ihre Ziele zu erreichen. Die Transformation des Schlachtopfers in einen verantwortungsbewussten Menschen ist wie eine Tür, die sich öffnet. Sie gehen aus der Dunkelheit ins Licht. Sie stecken nicht mehr fest, sondern haben neue Chancen. Aus Lieblosigkeit wird Licht. So vieles ist möglich, wenn Sie Verantwortung übernehmen!

Beobachten Sie einmal verantwortungsbewusste Menschen und solche, die sich als Opfer fühlen. Welche Ausstrahlung haben sie und ihre Wohnung? Verantwortung bringt Sie in eine neue Umwelt, in ein völlig neues Feld. In diesem Feld ist viel weniger Raum für energetische Kontamination aller Art.

Es ist nicht immer einfach, die Opferrolle aufzugeben. Manche Menschen identifizieren sich ganz mit dieser Rolle. Wenn ihnen nichts gelingt, sind immer die anderen schuld. Schlagen Sie sich das aus dem Kopf! Fortschritt setzt Verantwortung, Mut, Kraft und ehrliche Selbsteinschätzung voraus. Wenn Sie über das alles nachdenken, wird Ihnen gewiss klar, wie wichtig es ist, was wir denken, wie wir sprechen und was wir tun. Alle unsere Gedanken, Worte und Taten beeinflussen nicht nur uns, sondern auch die Menschen in unserer Umgebung. Stellen Sie sich vor …

Sie träumen davon, eine positive Ausstrahlung zu bekommen, in der alle Menschen in Ihrer Umgebung sich wohlfühlen. Für alle, die bei Ihnen wohnen oder Ihrer Obhut anvertraut sind, ist positive Energie und Platz vorhanden. Die anderen fühlen sich sicher und entspannt; denn sie wissen, dass Sie sorgsam mit ihnen umgehen, dass Sie ehrlich und gerecht sind. In einer solchen Umgebung können Kinder sich wohlfühlen und gedeihen.

Diese Haltung können wir als Eltern, Kollegen, Partner oder Kinder einnehmen. Oft ist dafür eine längere Entwicklung notwendig. Nehmen wir Hubert als Beispiel.

Hubert sieht das Leben mit anderen Augen. Seiner Meinung nach hat er das Recht, ab und zu auszuflippen. Er ist doch auch nur ein Mensch! Außerdem hat er gute Gründe auszuflippen!

Einerlei, welche Entscheidungen wir treffen und welche Position wir im Leben einnehmen, das Karmagesetz gilt für jeden: Was wir aussenden, kommt verstärkt zu uns zurück.

11
Hochsensible Kinder

Wir haben in unserer Praxis vielen hochsensiblen Kindern geholfen. Das ist immer wieder eine Freude, vor allem deshalb, weil wir sehen, welche Fortschritte die Kinder machen. Je früher einem Kind geholfen wird, mit seiner Empfindsamkeit umzugehen, desto leichter ist es, ein Ungleichgewicht zu beseitigen und die Kraft und das Potenzial des Kindes zu fördern. Dann ist die Gefahr einer Fehlentwicklung geringer, und das Kind wächst viel geschmeidiger zu einem Erwachsenen heran.

Wir beobachten bei diesen Kindern im Wesentlichen die gleichen Verhaltensmuster wie bei Erwachsenen. Das ist kein Wunder; denn die meisten Muster der Erwachsenen sind bereits in der frühen Kindheit entstanden. Diese Erwachsenen haben als Kinder nicht die erforderliche Hilfe erhalten. Sie wuchsen in einem Umfeld heran, dem es an Wissen und Einsicht fehlte. Oft hatten diese Kinder intuitiv tiefe spirituelle Wünsche und Einsichten; aber sie konnten mit niemandem darüber reden. Heute stellen wir fest, dass die Kinder Sehnsucht nach echtem spirituellem Wissen haben. Darauf gehen wir später genauer ein.

In der heutigen Literatur werden hochsensible Kinder bisweilen als Heilige hingestellt, die auf die Erde gekommen seien, um ihren Eltern zu helfen. Wir sehen das völlig anders. In diesem Kapitel werden wir unseren Standpunkt erläutern und einige Themen erörtern, die für die Eltern und Erzieher von hochsensiblen Kindern wichtig sind.

Hochsensible Kinder

Hochsensible Kinder haben eine sehr große Aura. Diese Aura ist eine empfindliche Antenne, mit der sie ihre Umgebung gut wahrnehmen können – besser als ihre Altersgenossen. Die Intuition ist bei manchen dieser Kinder auffallend gut. Auch das liegt an der großen Aura und an den zu weit nach außen gerichteten Chakras. Die Folge ist oft ein Ungleichgewicht, das beseitigt werden muss, anstatt dagegen anzukämpfen.

Manchmal leben diese Kinder ganz astral, also mit wenig Kontakt zur Erde. Sie haben dann die Aufgabe, die feinstoffliche Welt ein wenig loszulassen und sich in ihrem Körper einzunisten: Aha, so ist das Leben auf Erden! Sobald sie einen guten Kontakt mit dem Körper haben, können sie ein wenig in andere Welten hinüberschauen. Ungewöhnliche Sensibilität wird bisweilen mit Spiritualität gleichgesetzt. Das würde bedeuten, dass jeder, der in der feinstofflichen Dimension wahrnehmen kann, spirituell ist. Die Wahrheit ist etwas komplexer. Die feinstoffliche Dimension ist dual: Dort gibt es Licht und Dunkelheit, so wie in der stofflichen Welt. Sensibilität kann sich an der Dunkelheit oder am Licht orientieren. Wenn sie nach der Dunkelheit sucht, kann sie dann spirituell sein? Spiritualität ist mit der Welt des Lichts verbunden – nie mit der Finsternis. Spiritualität ist die Erkenntnis und die Erfahrung, dass sich in jedem lebenden Wesen eine göttliche Quelle als Kern befindet. Auf der feinstofflichen Ebene *kann* sich Spiritualität abspielen; aber notwendig ist das nicht. Wir können sie gewiss auch auf der materiellen Ebene erfahren, und dort ist Helligkeit bestimmt keine Voraussetzung. Die Spiritualität nimmt umso mehr zu, je mehr Licht auf das Selbst in uns fällt. Darum wählen wir das große Herz als Zentrum des Bewusstseins.

Das bedeutet, dass wir sehr kritisch prüfen müssen, auf welche Art ein Kind hypersensibel ist. Öffnet es sich den helleren Welten oder den dunkleren? Die Fähigkeit, zwischen beiden unterscheiden zu können, ist sehr wichtig. Ist die Wahrnehmung eines Kindes auf dunklere Welten gerichtet, braucht es intensive Hilfe und Begleitung, damit es den Willen und den Mut aufbringt, sich dem Licht zuzuwenden, und damit ihm das gelingt. Für Menschen, die dieses Unterscheidungsvermögen besitzen, ist das eine äußerst verantwortungsvolle Aufgabe.

Hochsensible Kinder (und ihre Eltern!) wissen of zu wenig über ihre Hypersensibilität. Sie wissen nicht genau, was das ist, und sind sich der Gefahren oft nicht bewusst. Hochsensible Kinder brauchen Wissen, das ihrem Alter angepasst ist. Wenn sie älter werden, können sie die Welt der Hypersensiblen Schritt für Schritt besser kennenlernen. Das ist ein langer Prozess; aber eines Tages verstehen sie ihre Hypersensibilität vollständig und können mit ihr umgehen. Das bedeutet auch, dass ein Kind die Nachteile und Gefahren kennt und vor allem auch erkennt und mit ihnen fertig wird. Da die meisten Eltern dieses Wissen nicht oder nur unvollständig besitzen, sollten sie sich an Experten wenden, die über dieses Wissen verfügen und es Kindern in altersgemäßer Form vermitteln können. Das ist übrigens nicht so einfach, weil Wissen, Einsicht und Erfahrung notwendig sind und nur sehr wenige Therapeuten sich mit diesem Thema beschäftigen.

ADHD

ADHD ist der Name eines spezifischen Syndroms. Man erkennt es meist an Unruhe und Konzentrationsschwäche. Eine seiner Ursachen ist Hypersensibilität. Betroffene Kinder haben eine empfindliche Antenne, die alles wahrnimmt, was Klassenkameraden und Lehrer ausstrahlen. Darauf regiert das Kind mit innerer und äußerer Unruhe. Wenn es lernt, sein Feld etwas besser zu beherrschen, wird es im Unterricht ruhiger. Dann braucht es kein Ritalin mehr, das bei ADHD häufig verordnet wird. Übrigens kann man zwar nicht bei allen, aber bei vielen ADHD-Kindern mit richtiger Ernährung eine Menge erreichen. Das sollte man unserer Meinung nach erst einmal versuchen, bevor man den Kindern jahrelang Ritalin verabreicht.

DIE PUBERTÄT

Dies ist die Lebensphase, in der Kinder sich von den Eltern lösen. Sie haben dann die Aufgabe, selbständiger zu werden. In manchen Familien läuft dieser Prozess fast von selbst ab. Das sind Familien, in denen die Kinder immer respektvoll behandelt werden und in denen sie ihre Eigenheiten bewahren dürfen. Die Eltern ermutigen das Kind sogar, seine Individualität in Worten und Taten auszudrücken. In anderen Familien wird das Kind wenig angespornt, seine eigene Schwingung zu sein und ihr zu folgen. Dann ist die Loslösung manchmal schwieriger. Das gilt vor allem für Kinder, die nicht gehorsam und fügsam sind, sondern eher auf ihrem Standpunkt beharren. Solche Kinder reißen sich mitunter von den Eltern los, vielleicht auch von deren Wertvorstellungen. Dann geraten sie in gefährliches Fahrwasser: Die Schule ist blöd; Alkohol, Drogen und Sex sind verführerisch; die Zukunft ist unwichtig. Natürlich kommt es auch auf die Persönlichkeit des Kindes an. Hypersensible Kinder erleben das öfter, auch wenn die Eltern ihnen Raum für sich selbst lassen. Woran liegt das? Sehr sensible Kinder haben oft sehr sensible Eltern. Dann haben sowohl die Kinder als auch die Eltern eine große, hypersensible Aura, und die Energiefelder sind häufig vermischt. Die Individualität ist zu sehr eingeschränkt. Wie können sie dann in der Pubertät sie selbst werden? Nur, indem sie sich mit Gewalt losreißen. Und je mehr Mumm die jungen Menschen haben, desto mehr Gewalt wenden sie an. Das ist ein sehr schmerzhafter Prozess, gerade weil die Beteiligten so einfühlsam sind. Einsicht, Respekt und Geduld sind die Lösung. Auf diesem Fundament können Eltern und Kinder lernen, ihre Energiefelder besser in den Griff zu bekommen, so dass das Kind mehr Raum hat, um sich eigenständig zu entwickeln.

Wenn ein Kind sich losreißt, ist dieser Prozess mit heftigen Emotionen verbunden. Wie sollen Eltern damit umgehen? Manche Eltern reagieren sehr emotional und haben keinen Abstand zur Entwicklung des Kindes. Sie begreifen nicht, was vor sich geht. Sobald das Kind emotional aus dem Gleichgewicht gerät, müssen die Eltern außerhalb dieses emotionalen Feldes bleiben. Denn wenn sie erst einmal in dieses Feld geraten, verletzen Eltern und Kinder einander, vertreiben einander und kommen nicht weiter. Dann sollten sie erkennen, dass ihr Kind sie als Eltern ausgesucht hat, um leben zu lernen. Wenn das Kind emotional überreagiert, sollten die Eltern ihm erklären, dass es noch nicht ganz alleine leben kann, sondern offenbar noch Hilfe braucht. Wie hilft das dem Kind weiter? Nun, von diesem Standpunkt aus kommen die Eltern zu ganz anderen Einsichten, als wenn sie mit den Emotionen des Kindes eins werden. Manchmal fällt es den Eltern schwer, diesen Abstand zu bewahren, zumal sie sich vom Kind ungerecht behandelt fühlen. Denken Sie in diesem Fall daran, dass Sie die Lehrer Ihres Kindes sind.

ALBTRÄUME

Albträume sind keine gewöhnlichen Verarbeitungsträume. Sie sind auf dunkle Energiefelder abgestimmt, die in unser Energiefeld eindringen und Angst hervorrufen. Die dunklen Felder sind nämlich unheimlich! Es sind schaurige Energien. Die Bilder, die Kinder zu sehen bekommen, zeigen ein Zerrbild der Welt: Man muss einander töten. Geliebte Menschen sterben. Man wird gejagt. Schmerzen, Gewalt, Angst, Einsamkeit. Das ist der Pulsschlag, das Blut der niedrigeren Welten. Wollen wir dort leben? Nein! Darum wecken wir ein Kind auf, wenn es einen Albtraum hat. Wir nehmen es zu uns ins Bett. Oft genügt das schon. Dann stimmt das Kind sich auf unsere Energie ab, und die dunkle Welt kann es nicht mehr erreichen. Hat das Kind immer noch Angst, sollte man es richtig wach machen. Wenn es ein wenig isst, trinkt und spielt, kann es die dunkle Dimension verlassen. Dann schließt sich die Tür, durch welche die Dunkelheit im Albtraum eindringen konnte. Es ist hilfreich, das Kind ins Licht zu setzen. Nehmen Sie dazu Kontakt mit Ihrem großen Herzen auf, und ziehen Sie von dort aus Ihre Aura zusammen. So richten Sie sich zuerst auf sich selbst aus und bauen ein positives Feld auf. Visualisieren Sie nun, dass das große Herz Ihres Kindes Licht ausstrahlt. Dieses Licht strahlt durch den ganzen Körper und dringt beispielsweise vierzig Zentimeter in die Aura des Kindes ein. Halten Sie dieses Bild etwa drei Minuten fest. Dadurch erinnern Sie Ihr Kind an die kraftvolle Quelle des Lichtes und der Liebe, die es in sich trägt. Während Sie visualisieren, konzentrieren Sie sich weiter auf den hinteren Teil Ihres Herzchakras. Sie verlagern Ihre Aufmerksamkeit also nicht nach außen zu Ihrem Kind. Das ist sehr wichtig, wenn diese Methode wirken soll. Sie erhöht das Energieniveau des Kindes und öffnet es für einen höheren Aspekt in ihm selbst. Darum eignet sich diese Methode für den täglichen Gebrauch, selbst wenn Ihr Kind keine Albträume hat.

ÜBUNG: Kinder ins Licht setzen

Erhöhen und schützen Sie zuerst Ihre eigene Energie:

· Verbinden Sie sich mit Ihrem großen Herzen, so gut es geht. Gehen Sie von dort zur Rückseite Ihres Herzchakras. Bleiben Sie dort während der gesamten Übung.

· Ziehen Sie Ihre Aura kräftig zusammen.

· Erhöhen Sie nun das Energieniveau Ihres Kindes.

- Bleiben Sie hinten im Herzchakra. Gehen Sie nicht nach außen zu Ihrem Kind, während Sie visualisieren.
- Stellen Sie sich vor, dass das große Herz Ihres Kindes weißes Licht ausstrahlt.
- Dieses Licht füllt den Körper Ihres Kindes.
- Das Licht strahlt durch die Haut nach außen, bis zu 40 cm in die Aura Ihres Kindes hinein.
- Halten Sie dieses Bild 3 Minuten fest.
- Wenn Sie nicht visualisieren, aber fühlen können ...
- ... dann fühlen Sie, dass Ihr Kind eng mit seinem großen Herzen verbunden ist. Selbst wenn Sie ein weinendes Kind in den Armen halten, fühlen Sie, dass es eng mit seinem großen Herzen verbunden ist.
- Wenn Sie auf der feinstofflichen Ebene am besten mit Gedanken arbeiten können ...
- ... dann denken Sie: „Helles Licht verbindet mein Kind mit seinem großen Herzen."
- Stellen Sie das mit großer Bestimmtheit fest: So ist es.

HYPERSENSIBILITÄT UND DROGEN

Hypersensibilität ist mit bestimmten Risiken verbunden. Eines davon ist Drogenkonsum. Bei hochempfindsamen Menschen ist die Aura sehr groß und für Signale von außen empfänglich. Auch die Chakras sind empfindlicher. Drogen verringern den Einfluss eines Menschen auf seine Aura, so dass er die Dunkelheit nicht mehr so gut abwehren kann. Die Aura wird von Drogen so beschädigt, dass die Dunkelheit ungehindert eindringen kann, in kleinem oder in sehr erheblichem Umfang. Das ist immer sehr gefährlich, vor allem aber während der Pubertät, wenn Kinder ihre eigene Welt aufbauen. Wenn die Dunkelheit dann das Steuer übernimmt, ist das Kind in großer Gefahr.

Wir haben mehrere Kinder behandelt, die durch Kiffen psychotisch geworden waren. Hochsensible Kinder sind unserer Erfahrung nach stärker gefährdet. Je empfindsamer ein Kind ist, desto vorsichtiger muss es sein, was Drogenexperimente anbelangt. Wir möchten aber nachdrücklich darauf hinweisen, dass *kein* Kind jemals Drogen konsumieren sollte.

KINDER BRAUCHEN SPIRITUELLES WISSEN

Wir bemerken in unserer Praxis immer wieder, dass Kinder sich sehr für Spiritualität interessieren. Oft haben sie mit ihren Eltern nie darüber gesprochen. Man könnte den Eindruck gewinnen, dass Eltern dieses Thema den Erwachsenen vorbehalten wollen. Aber gerade Kinder können spirituelle Themen intuitiv sehr gut erfassen. Darum ist es sinnvoll, mit ihnen viel häufiger darüber zu reden. Die wichtigste Information lautet: „Du hast eine Seele, die in deinem Körper wohnt, und zwar im Herzen. Du kannst sie als Liebe und Reinheit erfahren, als Wunsch, Gutes zu tun. Du kannst mit deiner Seele jederzeit Kontakt aufnehmen, und wenn du das tust, fühlt du dich gut und stark." Wenn Sie so mit Kindern reden, zeigen Sie ihnen ihr großes Herz als Zentrum des Bewusstseins. Sie verbinden sich dann mit dem Licht, das in ihnen wohnt. Die Aura wird kleiner, die Lichtkraft nimmt zu, die Eigenschwingung wird reiner. So können Sie Kindern schon recht früh beibringen, Kontakt mit dem Licht in sich selbst aufzunehmen. Kinder haben Freude daran; denn sie fühlen sich gerne schön und stark. Die Verbindung mit dem großen Herzen hilft ihnen dabei.

Spirituelles Wissen gibt dem Leben einen Rahmen. Es weist uns den Weg, zeigt uns, warum wir hier auf Erden sind, und lehrt uns, welche Werte im Leben wichtig sind. Dann können wir Schmerzen leichter ertragen. Sterben und Tod bekommen eine völlig neue Bedeutung. So können wir das Leiden überwinden.

Wenn Sie anerkennen, dass auf der Erde das Karmagesetz gilt, sollten Sie diese Einsicht an Ihre Kinder weitergeben. Das macht Sie stark, sehr stark. Sie lernen dann nämlich zu akzeptieren, dass alles, was Ihnen im Leben widerfährt, die Folge Ihres eigenen Handelns und Unterlassens in der Vergangenheit ist. Die Opferrolle wird dann unhaltbar. Das Gesetz des Karma lehrt Sie auch, dass Sie in der Gegenwart die Zukunft erschaffen; denn Ihre heutigen Handlungen sind entscheidend für Ihr Leben in der Zukunft. Das Karmagesetz impliziert auch, dass in allen Ereignissen eine Lehre verborgen ist. Wie lautet diese Lehre? Was soll ich lernen? Warum ist mir das zugestoßen? Das sind die Fragen, die Sie Ihren Kindern beibringen sollten. Dann sehen sie das Leben mit ganz anderen Augen als Kinder, für die das Leben eine zufällige Abfolge von Ereignissen ist, bei denen man Pech oder Glück hat. Das Gesetz des Karma kennt kein Pech, weil alles, was uns begegnet, eine Folge unseres Handelns ist.

Ein Leben im Bewusstsein des Karmagesetzes ist ein besonderes Leben. Wie lernt man das? Nicht, indem man wartet, bis das Kind erwachsen ist und dieses Gesetz irgendwann von selbst kennenlernt. Sprechen Sie mit Ihrem Kind schon früh über diese Themen – natürlich so, dass das Kind Sie versteht.

Die 8-jährige Jana fühlt sich in der Schule schikaniert und ist sehr bekümmert darüber. Ihre Mutter gibt ihr zuerst Gelegenheit, sich zu äußern. Dann hilft sie ihr, eine tiefere Ebene zu erreichen und die Situation zu verarbeiten: „Jana, du weißt doch, dass alles, was passiert, für dich eine Lektion ist. Deshalb kannst du auch von diesen Quälgeistern etwas lernen. Was könnte das sein?"

Tim ist 10 Jahre alt. Sein Vater wurde zum dritten Mal in einem Jahr entlassen. Am Tisch erzählt der Vater, was er mitgemacht hat. „Das ist ungerecht, Papa", meint Tim. „Sie dürfen dich nicht einfach rauswerfen." Der Vater erklärt: „Alles, was wir erleben, soll uns etwas lehren. Solange wir unsere Lektion noch nicht gelernt haben, passiert uns immer wieder das Gleiche. Schau mal, ich bin jetzt schon zum dritten Mal entlassen worden. Also werde ich darüber nachdenken, was ich daraus lernen soll. Dann fühle ich mich viel besser, als wenn ich wütend auf meine Chefs wäre – das würde mich nicht weiterbringen."

12
INDIREKTE ENERGETISCHE KONTAMINATION DURCH ANDERE

Wir haben uns bisher hauptsächlich mit der *direkten* Kontamination befasst. Davon sprechen wir, wenn die Kontamination sich unmittelbar zwischen zwei Menschen abspielt.

Peter und Stefan sind beisammen. Ihre Energiefelder vermischen sich. Peter nimmt unausgewogene Energie von Stefan auf.

Sonja unterhält sich mit ihrer Freundin über Inge. Die negative Energie fließt direkt zu Inge.

Es gibt aber auch eine *indirekte* Kontamination. Dies ist ein ganz besonderes Phänomen. Eine indirekte Kontamination verursacht immer eine dritte Person.

Rachel (12) ist bei Peter, ihrem Vater, zu Besuch. Rachel wohnt bei ihrer Mutter. Peter spürt, dass er müde und lustlos wird. Was ist los? Er freut sich doch, wenn seine Tochter ihn besucht?!

Sara (40) ist von Georg (44) geschieden. Sie haben drei Kinder: Tina (16), Franz (15) und Tobias (12). Die Kinder wohnen bei Sara, aber Tobias geht alle vierzehn Tage für ein Wochenende zu Georg. Solche Umgangsregelungen sind häufig. Georg ist ein trübseliger, leicht depressiver Mann, der sich seine Mitschuld an der Scheidung noch nicht eingestanden hat. Er vermisst seine Kinder – und Sara ist an allem schuld! Tobias kommt von seinem Besuch nach Hause. Die Energie seines Vaters haftet an ihm, er atmet sie gewissermaßen aus. Die feinstoffliche Verbindung mit dem Vater ist offen und aktiv. Dunkle Energie kann in Tobias eindringen. Tobias ist unglücklich. Er ist den ganzen Tag lang kaum zu gebrauchen. Franz und Tina streiten. Sara ist ebenfalls unglücklich. Warum sind sie und die Kinder aus dem Gleichgewicht geraten?

Rachels Mutter atmet durch ihre Tochter. Zwischen beiden besteht eine offene Verbindung. Peter liebt seine Tochter, und darum ist er für sie offen. Ihre Energie fließt uneingeschränkt und ungefiltert in ihn hinein. Deshalb geht es ihm so schlecht. Er reagiert auf die Energie seiner Exfrau. Auffallend ist, dass Peter nicht direkt von seiner Exfrau kontaminiert wird, sondern indirekt von seiner Tochter. Durch Rachel sind Mutter und Vater miteinander verbunden:

Mutter → *Rachel* → *Vater*

In Saras Familie schwingen alle mit dem Vater mit. Auch das geschieht indirekt. Sara und die beiden älteren Kinder werden von ihrem Vater nur wenig kontaminiert – die Scheidung ist sechs Jahre her, und sie haben sie ziemlich gut verkraftet. Aber für Tobias sind sie offen. Deshalb kann der Vater durch Tobias in die anderen hineingelangen. So gerät einer nach dem anderen aus dem Gleichgewicht, jeder auf seine Weise, jeder mit seinen eigenen, typischen Reaktionen. Der eine wird krank, ein anderer trübselig, der Dritte aggressiv.

Wenn Ihnen so etwas im Leben widerfährt, wird Ihnen klar, wie sehr Ihr Leben mit dem Leben anderer verbunden ist, einerlei, wie weit Sie von den anderen entfernt leben. Wenn Sie das verstehen, begreifen Sie auch, was in Ihnen und in Ihren Angehörigen vorgeht. Einsicht ist der erste Schritt zur Besserung. Sie können dann leichter und mitfühlender untersuchen, was mit Ihnen und den anderen geschieht. So entsteht Raum, um etwas zu unternehmen, um zu lernen, wie Sie dieser Entwicklung vorbeugen oder Einhalt gebieten.

In einer Familie kann jedes Mitglied Energie abgeben, kontaminiert werden oder eine zu große Aura haben. Das kann bei jedem Menschen jederzeit und überall vorkommen. Selbst wenn es nur *einem* Familienmitglied passiert, werden alle anderen beeinflusst. Angehörige sind eben sehr eng miteinander verbunden. Das bedeutet, dass wir einander in dieser Hinsicht verantwortlich sind. Wenn ich kontaminiert bin, hat das Auswirkungen auf alle anderen in der Familie. Deshalb muss ich verhindern, dass es so weit kommt. Und wenn das misslingt, muss ich so schnell wie möglich handeln, um mein Gleichgewicht wiederzufinden. Das spielt sich in jeder Familie ab, wenn auch fast keine Familie sich dessen bewusst ist. Eine Familie mit sensiblen Mitgliedern ist noch stärker gefährdet. Dann ist es gut, wenn Kinder schon früh die Sprache und die Dynamik der energetischen Übertragung zwischen Menschen verstehen und erkennen. Sie sollten aber auch lernen, dass sie keine Opferlämmer sind, sondern immer etwas tun können – jedes Familienmitglied nach seinen Fähigkeiten. Das alles kann in einem positiven Feld geschehen: Wir lernen voneinander und miteinander. Zusammen sind wir stark.

Wir haben bereits erwähnt, dass Sie ein Kind ins Licht setzen können. Das ist besonders wirksam, wenn noch Verbindungen bestehen, die gereinigt werden müssen, um den energetischen Einfluss zu verringern oder sogar zu beenden. Betrachten wir dazu einige Beispiele.

Peter geht nach innen. Er nimmt intuitiv wahr, wie sein Ungleichgewicht entstanden ist: Er ist durch seine Tochter in Schwingungsresonanz mit seiner Exfrau geraten. Also setzt er seine Exfrau ins Licht. Seine Tochter setzt er ebenfalls behutsam ins Licht. Er visualisiert, dass ihr göttliches Selbst jede ihrer Zellen mit Licht erfüllt. Peter nimmt seine Tochter so wahr, wie sie auf einer höheren Ebene ist. Bald geht es ihm besser.

Sara hat intuitiv erkannt, was passiert ist. Sie ruft Tobias zu sich und erklärt es ihm. Wahrscheinlich ist das auch ein wichtiger Grund dafür, dass er nicht gerne zu Papa geht. Aber die Mutter kann ihm zeigen, wie er sich künftig schützt. Dann fühlt er sich bei Papa viel wohler. Sara bringt Tobias bei, seinen Vater ins Licht zu setzen. Das kann er jeden Tag tun. Dann wird er immer stärker und kann die düstere Energie seines Vaters abwehren. Auch sein Vater fühlt sich dann viel wohler.

Anschließend zeigt Sara auch den anderen Kindern, wie sie ihren Vater ins Licht setzen können. Jetzt kann die Disharmonie des Vaters sie nicht mehr so stark beeinflussen. Und die Methode ist gut für alle Betroffenen und daher die richtige. Die Kinder müssen verstehen, dass ihr Vater sich mit der Energie aus seiner eigenen inneren Quelle füllt, nicht mit der Lebenskraft der Kinder. Das ist sehr wichtig. So wird Papa stark! Würden die Kinder ihrem Vater ihre Lebenskraft geben (was Kinder häufig tun), würde dies den Vater schwächen, weil er nicht nach seiner eigenen inneren Kraft suchen würde, sondern weiter von anderen abhängig wäre. So könnte er nie innerlich stark werden! Einige Punkte sind bei der eben beschriebenen Übung wichtig:

- Die Einstellung der Kinder muss neutral sein, nicht gefühlsbetont. Wenn sie emotional sind, wirkt die Übung nicht. Zudem übertragen sie dann ihre Emotionen auf den Vater, was nicht erwünscht ist.

- Kinder können sich beispielsweise vorstellen, dass in Papas Herz eine kleine Sonne strahlt, die ihn mit wunderschönem Licht erfüllt.

- Eltern können diese Übung natürlich auch für ihre Kinder machen. Kinder können sie für die Eltern und Geschwister machen. Ansonsten sollten wir sehr zurückhaltend sein, was die Arbeit mit der Energie anderer Menschen anbelangt. Wir arbeiten prinzipiell nie auf diese Weise, außer wenn die Betroffenen zustimmen.

Am auffallendsten an Saras Familie ist, dass sie durch ein Kind in Schwierigkeiten gerät. Das ist keine Fiktion. Es geschieht jeden Tag in vielen Familien. Wir haben das in unserer Praxis oft erlebt. Es hilft enorm, wenn Sie wissen, was wirklich vor sich geht. Sonst bleibt jeder in seinem Gefühl der Machtlosigkeit stecken, und alle reagieren zu emotional-disharmonisch aufeinander. Das hilft natürlich nicht, sondern verstärkt das Ungleichgewicht. Wenn alle verstehen, was sich abspielt, finden sie gemeinsam eine Lösung.

Die folgenden Beispiele dürften vielen Lesern bekannt vorkommen.

Ihr Mann kommt von der Arbeit nach Hause. Eine schwere, negative Energie hüllt ihn ein. Er will Sie umarmen – aber Sie schrecken zurück. So ist es fast immer, wenn Ihr Mann nach Hause kommt. Sie wissen, dass er sich viel besser anfühlt, nachdem er geduscht hat. Dann wollen Sie ihm wieder nah sein. Leider hat er keine rechte Lust dazu. Er ist daran gewöhnt, sich so zu fühlen, und versteht nicht ganz, wovon Sie reden.

Sie liegen im Bett. Ihre Frau kommt nach Hause. Sie war auf einem Fest und hat einiges getrunken. Sie will kuscheln. Aber das fühlt sich nicht gut an. Die Energie aus der Kneipe haftet noch an ihr. Ein unangenehmes Gefühl.

Sie haben im Internet einige Filme angeschaut. Die Energie dieser Filme hängt (buchstäblich!) an Ihnen. Sie gehen zu Bett und legen sich neben Ihren Mann. Er zieht sich zurück, denn er spürt die unreine Energie, die Sie umgibt.

13
ENERGETISCHER SCHUTZ DURCH REINE NAHRUNG

Unser Essen ernährt nicht nur den physischen, sondern auch den feinstofflichen Körper. Nahrung gibt nämlich Energie ab, die das Energiesystem aufnimmt. Manche Nahrungsmittel erhöhen die Schwingung unseres Feldes, andere senken sie. Das bedeutet, dass Sie mit Ihrem Essen die Qualität Ihres Energiefeldes stark beeinflussen können. Reinere Nahrung macht Ihre energetische Ausstrahlung reiner. Sie gelangen dann in eine andere Dimension. Ihre Persönlichkeit verändert sich. Sie ziehen andere Menschen und andere Erfahrungen an.

Ayurveda ist eine Jahrtausende alte indische Gesundheitslehre, die auf den Erfahrungen von Millionen Menschen gründet. Der Einfluss der Nahrung ist dieser Lehre zufolge sehr tiefgreifend. Er wurde bis ins kleinste Detail untersucht. Wir beschreiben hier die wichtigsten Aspekte, die Ihnen helfen, eine höhere Frequenz zu erreichen.

Ein wichtiges Gesetz lautet: *ahara* → *vihara* → *acara* → *vichara*. Auf deutsch: Richtige Nahrung → (bewirkt) richtiges Verhalten → (dieses bewirkt) richtige Einsicht → (und diese ermöglicht) richtige Entscheidungen. Was Sie essen, hat großen Einfluss auf Ihr Verhalten, Ihre Einsichten und Ihre Entscheidungen. Anders gesagt: Manche Nahrungsmittel machen Sie feiner, andere machen Sie dichter. Einige erhöhen die Schwingung Ihres Energiesystems, andere reduzieren sie. Alles beginnt mit dem Essen!

13.1
REINE UND WENIGER REINE NAHRUNG

Der Geist kennt drei Qualitäten, also Dimensionen, in denen er sich bewegt. *Tamasisch* wird der Geist genannt, der auf das Niedere und Dunkle abgestimmt ist. Bewegungslosigkeit gilt ebenfalls als tamasisch. Eine Depression ist ein Beispiel für beides: Sie stecken in negativen Gedanken und Gefühlen fest und können nicht mehr handeln. *Rajasisch* ist der Geist, der sich bewegt. Rajas kann sich in Richtung Dunkelheit bewegen. Sie können zum Beispiel auf der Straße Drogen kaufen. Rajas kann sich aber auch zum Licht hin bewegen, etwa wenn Sie bei einem Staffellauf mitmachen, dessen Erlös einem guten Zweck dient. *Sattvisch* ist der Geist, der auf sein höheres Selbst abgestimmt ist. Sattva ist Ruhe, Liebe, Frieden, innere Stille, der Wunsch, Gutes zu tun, Reinheit und so weiter.

Sattva ist für den energetischen Schutz sehr interessant, weil es die Frequenz Ihres Energiesystems erhöht. Dann wird der Wunsch, sattvisch zu leben, immer stärker, und Sie werden zunehmend reiner. Niedere Schwingungen können Sie dann nicht mehr erreichen. Deshalb ist Sattva-Nahrung ein wichtiger erster Schritt, wenn Sie die Frequenz Ihres Energiesystems erhöhen wollen. Es ist daher sinnvoll zu untersuchen, welche Nahrungsmittel sattvisch und welche tamasisch sind.

SATTVA-NAHRUNG

Im Großen und Ganzen kann man sagen, dass Lichtnahrung sattvisch ist.

Nahrungsmittel haben umso mehr Sattva, je frischer sie sind. Wenn Produkte im Supermarkt den Aufkleber „Stark verbilligt!" tragen, weil ihr Haltbarkeitsdatum fast abgelaufen ist, sollten Sie auf diese Waren verzichten, wenn Sie sattvisch kochen wollen!

Nahrungsmittel sind umso sattvischer, je frischer sie verarbeitet und gebraucht wurden. Alle Fertiggerichte sind insofern weniger zu empfehlen.

Je natürlicher die Anbaumethoden sind, desto mehr Sattva enthalten die Produkte. Eine Tomate, die aus dem Boden wächst, ist also sattvischer als eine Treibhaustomate, die auf Steinwolle unter Kunstlicht gewachsen ist.

Wenn der Boden gesund ist, nimmt die Qualität der Produkte zu. Chemische Pestizide werden in der Landwirtschaft hauptsächlich deshalb verwendet, weil Kunstdünger den Boden geschädigt hat. Nahrungsmittel sind demnach umso sattvischer, je natürlicher sie angebaut wurden, also je weniger Chemikalien wie Kunstdünger, Herbizide und Pestizide verwendet wurden. Daraus folgt, dass Bioprodukte sattvischer sind als konventionelle Produkte.

TAMAS-NAHRUNG

Fleisch, Geflügel, Fisch und Schalentiere haben auf unser Energiesystem eine tamasische Wirkung. Das gilt besonders für Fleisch und Geflügel. Die tamasische Wirkung ist zum Teil auf den Todeskampf der Tiere zurückzuführen. Die dabei ausgeschütteten Hormone bleiben im Fleisch und werden auch vom Energiesystem absorbiert.

Zu viel Essen ist immer tamasisch, auch wenn es sich um sattvische Nahrung handelt.

Alle tiefgefrorenen Produkte sind ebenfalls tamasisch. Die Imbissbude ist noch schlimmer.

Alkohol ist natürlich auch tamasisch, und wenn wir viel trinken, nimmt Tamas extrem zu.

Sattva-Nahrung kann die Frequenz des Energiefeldes spürbar steigern. Wenn ein Kind Appetit auf Sattva-Produkte hat – wenn es zum Beispiel mehr Obst und weniger Fleisch essen will –, sagt das einiges über das Kind. Es will sich entwickeln. Es will, dass sein Feld höher und reiner wird. Dieser Wunsch löst das Verlangen nach anderem Essen aus. Gehört es nicht zum Wesen der Erziehung, solche Wünsche eines Kindes zu erfüllen? Das Kind hat dann mehr Raum, um zu sein, was es ist, und um seine einzigartige Schwingung immer genauer zu erforschen.

13.2
NAHRUNG FÜR AUGEN UND OHREN

Wir nehmen Nahrung nicht nur mit dem Mund auf. Was wir sehen, hören und riechen ist ebenfalls Nahrung. Auch diese Nahrung kann Sattva- oder Tamas-Nahrung sein. Hier wollen wir uns auf die Nahrung für unsere Augen und Ohren beschränken.

Mit beiden Sinnesorganen nehmen wir eine Fülle von Informationen auf. Wenn wir wahrnehmen, was seinem Charakter nach tamasisch ist, dann werden wir tamasischer. Wenn wir etwas aufnehmen, was sattvisch ist, dann erhöhen wir die Schwingung unseres Energiefeldes. So einfach ist das.

Thomas schaut fern. Fast alles, was er sieht, stimuliert Rajas (Unruhe) und Tamas (Gewalt, Betrug, Untreue, Lieblosigkeit, Sex usw.). Genau das Gleiche geschieht nun auf der feinstofflichen Ebene; denn die Bilder enthalten eine energetische Ladung, die sich in Thomas' Wohnzimmer und in seinem Energiesystem entlädt. Zwischen seinem Energiefeld und den Bildern, die er sieht, entstehen Wechselwirkungen, und es ist sehr wahrscheinlich, dass sein Feld zumindest teilweise mit der Ladung der Bilder mitschwingt. Er wird teilweise zu diesen Bildern; er wird Rajas oder Tamas.

In unserer Gesellschaft konsumieren wir vieles mit den Augen und Ohren. Wie absorbieren eine Flut von Informationen. Bringen sie uns unserem Selbst näher – oder nicht? Diese Frage wird wohl nicht sehr oft gestellt. Das liegt daran, dass Tamas und Rajas in uns große Unruhe auslösen, weil sie Hormone aktivieren. Wir geraten in den Zustand, den man „Kampf oder Flucht" nennt. Sexualhormone werden aktiviert. Emotionsgeladene Hormone strömen durch den Körper. Viele Menschen genießen dieses hormonelle Prickeln; sie fühlen sich dabei lebendiger. Es stimmt natürlich, dass viele Fernsehbilder tamasische und rajasische Felder erzeugen. Wollen Sie das? Werden Sie von Hormonen und hormonell bedingten Gewohnheiten gesteuert? Oder wollen Sie lieber anders leben? Jeder Mensch wählt seinen eigenen Weg.

COMPUTERSPIELE

Mit Computerspielen meinen wir alle digitalen Spiele. Einige von ihnen sind ziemlich gewalttätig, manche extrem gewalttätig. Diese Spiele sind äußerst tamasisch. Wenn Sie ein Bild betrachten, strömt die Energie des Bildes in Sie hinein. Das haben wir bereits erklärt. Computerspiele sind schlimmer. Dort töten Sie virtuell, oder Sie werden getötet. Das bringt die Hormondrüsen in Aufruhr, so dass sie „Kampf-oder-Flucht"-Hormone absondern. Das ist die Erklärung für die Unruhe, die wir bei Kindern so oft feststellen, wenn sie sich mit Spielen dieser Art beschäftigen. Bei Computerspielen sind Sie kein Zeuge der Morde, Sie sind ihr Regisseur. Aber das ist noch nicht alles; denn die

Entwicklung geht dahin, dass der Spieler immer direkter eingreift, zum Beispiel indem der Computer seine emotionalen Reaktionen registriert. Diese Reaktionen werden dann sofort von der Figur umgesetzt, in die der Spieler sich hineinversetzt hat. Die Identifikation mit den Ereignissen auf dem Bildschirm wird immer realistischer. Deshalb wird auch die energetische Kontamination schlimmer, zumal solche Spiele immer in einem sehr dunklen Energiefeld hergestellt werden. Dieses Feld dringt in Ihr Feld ein, sobald Sie zu spielen beginnen. Je mehr Sie sich mit der Figur im Spiel identifizieren, desto mehr dunkle Energie, die an dem Spiel haftet, strömt in Ihr Energiefeld. Das ist eine äußerst ernste energetische Verschmutzung; denn die Energie hat eine sehr niedrige Schwingung, die den Charakter des spielenden Kindes verdirbt. Das Kind gewöhnt sich nämlich an diese niedrige Energie, ja es sucht sie sogar – wegen des „Kicks". Kein Wunder, dass wir in unserer Gesellschaft immer mehr Gewalt erleben. Unserer Meinung nach sind solche Computerspiele kein harmloser Zeitvertreib, sondern eine schädliche Beschäftigung, die ein Kind in dunkle Energiefelder treibt. Das wünschen wir keinem Kind!

14
SEXUELLE KONTAMINATION

Sexuelle Energie ist im Leben des Menschen wichtig. Das hat vor allem biologische Gründe. Dank der sexuellen Energie pflanzen wir uns fort, werden Kinder geboren, bleibt die menschliche Spezies erhalten. Denken Sie einmal an die Pflanzen. Im Frühling zeigen uns zahllose Arten ihre prächtigen Blüten, nur um dann zu verwelken, Samen zu bilden und sich später auf den kommenden Herbst und Winter vorzubereiten. Ihr Zyklus dreht sich zu einem großen Teil um die Fortpflanzung. Auch bei Tieren ist die Fortpflanzung sehr wichtig. Bei ihnen wird sie hauptsächlich von Hormonen gesteuert, die genau auf Licht, Temperatur und (bei Fischen) die Qualität des Wassers abgestimmt sind. Nur unter günstigen Lebensbedingungen werden Junge geboren, damit sie groß und stark sind, wenn das Wetter einmal weniger vorteilhaft ist. Bei Tieren steuern also vor allem äußere Kräfte die sexuelle Aktivität.

Beim Menschen ist das anders. Erstens kann eine Frau das ganze Jahr über schwanger werden. Die Wetterbedingungen spielen dabei keine Rolle. Das verstärkt den sexuellen Druck spürbar. Zweitens hat der Mensch Gedanken und innere Bilder, die Tiere nicht haben. Dank seiner Gedanken und Bilder kann der Mensch sexuelle Energie wecken. Warum tut er das? Nun, sexuelle Handlungen stimulieren Hormondrüsen, und deren Hormone bauen eine Spannung auf, die letztlich zum Orgasmus führen kann. Das ist die biologische Belohnung für die sexuelle Vereinigung, die Voraussetzung für das Überleben der Art. Es ist die intensivste Belohnung, die der Mensch auf der materiellen Ebene erfahren kann. In einer Studie setzte man Ratten in einen Käfig, in dem sich zwei Knöpfe befanden, welche die Ratten mit ihren Pfoten drücken konnten. Ein Knopf belohnte sie mit Wasser und Futter, der andere aktivierte eine Elektrode in ihrem Schädel, und sie erlebten einen Orgasmus. Diese Ratten hatten keinerlei Interesse am Futter, sondern drückten unaufhörlich auf den Knopf, der Orgasmen auslöste … bis sie vor Erschöpfung starben. So stark ist offenbar die physische „Belohnung" des Orgasmus.

Alles, was mit einem Orgasmus verbunden ist, löst ein Verlangen danach aus, ihn zu bekommen. Davon macht die Werbung dankbar Gebrauch. Sie stellt einen – oft gekünstelten – Zusammenhang zwischen Produkten und erotischen Männern und Frauen her und lockt so indirekt mit der höchsten physischen Belohnung, dem Orgasmus. Wie sehr dies den Verkauf ankurbelt, belegt die Tatsache, dass Produzenten fast aller Waren – Autos, Musik, Käse, Bücher, Filme – versuchen, ihr Angebot auf die eine oder andere Weise mit einem sexuell provokativen Reiz zu verbinden.

Das alles hat dazu geführt, dass die sexuelle Energie in unserer Gesellschaft stark zugenommen hat. Überall begegnen wir sexuellen Reizen. Hinzu kommt, dass wir in einer Zeit leben, in der sexuelle Experimente erlaubt sind und Verhütungsmittel garantieren, dass diese nicht zu einer Schwangerschaft führen. Der Damm ist gebrochen.

Die sexuelle Energie hat großen Einfluss auf den Menschen. Uns interessiert hier der Zusammenhang mit dem energetischen Schutz.

SEXUELLE ENERGIE

Menschen kommunizieren miteinander auf der feinstofflichen Ebene. Sie senden ständig Signale aus und empfangen Botschaften. Mit ihrer Aura und ihren Chakras spüren sie, in welcher Stimmung andere sind. Das geschieht auch auf der sexuellen Ebene. Es gibt also sexuelle Energie. Diese Energie können wir austauschen. Wir können sie empfangen und aussenden. Beobachten Sie einmal Menschen, die sexuell aufeinander abgestimmt sind. „Die Funken fliegen", sagt man bisweilen. Das ist die Folge der ausgetauschten sexuellen Energie.

14.1
SEXUELLE TORE

Wie geht dieser Austausch sexueller Energie vor sich? Wir empfangen sie an bestimmten Stellen des Körpers. Bekannte Stellen sind die Genitalien und die Brüste. Auch die Augen können sexuelle Energie aussenden und empfangen. Denken Sie nur an das Flirten mit den Augen. Das zweite Chakra, das die Fortpflanzung steuert, nimmt ebenfalls sexuelle Energie auf. Manchmal ist auch der After – der eigentlich als Pforte der Ausscheidung gedacht ist – ein Tor für sexuelle Energie. Sexuelle Energie kann für sich allein wirken, aber auch dem Herzen untergeordnet sein. Im letzteren Fall entsteht sexuelle Erregung nur, wenn sie mit Liebe einhergeht, nicht aber (oder nur in geringem Maße), wenn keine Liebe dabei ist. Oft sind Sexualität und Liebe völlig voneinander getrennt. Dann suchen wir nur ein sexuelles Erlebnis, nicht die Einheit mit dem Partner auf der seelischen und spirituellen Ebene.

Da es hier um den Umgang mit (teils unerwünschten) Schwingungsresonanzen geht, befassen wir uns mit sexueller Energie, die nicht mit der Liebe des Herzens verbunden ist. Auf dieser Ebene ist die sexuelle Energie von den Eigenschaften der Person, die sie aussendet, losgelöst. Es spielt keine Rolle, wer dieser Mensch ist, ob er freundlich ist, ein gutes Herz und einen sauberen Charakter hat oder ein guter Vater sein kann; oder ob er nicht derjenige ist, mit dem wir das Leben teilen wollen, der uns aufrichtig liebt. Es kann jeder sein, der sexuelle Energie aussendet – ein 13-jähriges Kind oder ein 75-jähriger Opa. Es kann ein Mensch mit äußerst schlechtem Charakter sein. Und es kann einer sein, der sexuell erregt ist, weil er vor kurzem pornografische Darstellungen konsumiert hat. Im Rahmen des energetischen Schutzes wollen wir untersuchen, ob wir in der Lage sind, diese Energie wahrzunehmen und sie uns vom Leib zu halten, und welchen Einfluss sie hat, wenn wir unzureichend bei uns sind.

PASSIVE UND AKTIVE TORE

Die Tore, die sexuelle Energie einlassen, können geschlossen oder offen sein. Sie können ein bisschen oder weit offen sein. Man könnte das mit einer Tür vergleichen, die einen Spalt oder sperrangelweit offen steht. Je weiter die Tür geöffnet ist, desto leichter kann die sexuelle Energie eindringen und desto mehr Energie gelangt in den Körper.
Ein Tor kann sowohl passiv als auch aktiv offen sein. Eine Tür ist passiv offen, wenn wir nicht imstande sind, sexuelle Energie abzuwehren, die bei uns anklopft. Dann kann jeder eintreten – jedenfalls auf der feinstofflichen Ebene –, der dazu Lust hat. Eine Tür ist aktiv geöffnet, wenn wir den Austausch sexueller Energien selbst anstreben. Dieser

Drang kann schwach, aber auch sehr stark sein. Manche Menschen wollen sehr oft eine große Menge sexueller Energie austauschen, und bei einigen geschieht das bei jedem Kontakt mit dem Geschlecht, auf das sie stehen. Das Ziel ist die Stärkung des Selbstwertgefühls. Oberflächlich betrachtet gelingt das manchmal; aber in der Tiefe ist es immer schädlich.

Mitunter stehen Türen sowohl passiv als auch aktiv offen, ein bisschen oder sperrangelweit. Wenn Sie aktiv und intensiv nach sexueller Energie suchen und zugleich außerstande sind, sexuelle Energie abzuwehren, können Sie sich vorstellen, dass Sie eine Menge sexuelle Energie aufnehmen. Dort, wo viele Menschen sind, zum Beispiel auf Partys, in der Stadt, in Geschäften und in Schulen, tauschen Sie dann sehr viel sexuelle Energie aus.

Aber auch dann, wenn Sie es gar nicht wollen, wenn Ihre Tore aktiv geschlossen, aber passiv offen sind, dringt eine Menge sexuelle Energie in Ihren Körper ein. Erotische Kleidung und erotisches Benehmen verstärkt diesen Energiestrom. Wenn Ihre Tore passiv offen stehen, sind freizügige Kleider nicht zu empfehlen, denn Sie nehmen alles auf, was auf sie eindringt.

Sexuelle Energie kann bei unmittelbarem Kontakt durch die Tore eindringen. Denken Sie an Berührungen oder an Blickkontakt. Selbst ohne Blickkontakt kann ihnen jemand, der Sie ansieht, sexuelle Energie zusenden. Das ist immer noch gut vorstellbar; denn hier hat ja ein Mensch Sichtkontakt mit einem anderen – er wird erregt und sendet sexuelle Energie aus. Das Gleiche geschieht jedoch, wenn ein Mensch, mit dem eine Verbindung besteht, an Sie denkt oder visualisiert, mit Ihnen Kontakt zu haben. Auch dann kann sexuelle Energie übertragen werden. Das bedeutet, dass jemand, den Sie irgendwann einmal gesehen haben, Ihnen Tag und Nacht sexuelle Energie zusenden kann. Es kann dieser Junge im Zug sein, der sich in Sie verliebte, und den Sie nie wieder getroffen haben. Er denkt seit Monaten an Sie und schickt Ihnen sexuelle Energie. Es kann auch Ihre Expartnerin sein, die Sie nicht loslassen kann und will. Gehen wir noch einen Schritt weiter.

Sie bummeln mit Ihrem Freund durch die Stadt und plaudern. Sie sind ihm völlig treu. Ein Mann geht vorbei. Er schaut in die andere Richtung.

Sie sehen einander nicht. Dieser Mann hat aktive sexuelle Tore, die jede Frau in der Nähe abtasten. Ist sie offen für sexuelle Energie? Ihre Tore stehen passiv offen. Die sexuelle Energie dieses Mannes dringt in Sie ein, aktiviert Ihre Hormone und verstärkt Ihre eigene sexuelle Energie. Sie bekommen Lust auf Sex mit Ihrem Freund.

Sie schauen sich einen Film an. Die erotischen Bilder reizen Sie. Ihr Hormonsystem wird aktiviert. Sie öffnen sich der energetischen Ladung, die unweigerlich mit den Bildern verbunden ist. So geraten Sie in ein Feld aus sexueller Energie. Dieses Feld ist stärker als die Energie der Bilder, die Sie betrachten. Man könnte sagen, dass es sich um ein kollektives Feld handelt, eine Bibliothek, welche die Energien aller vergleichbarer Bilder und Handlungen enthält. Sie öffnen sich also einer erotischen Dimension, die auf der feinstofflichen Ebene tatsächlich existiert. Diese Energie reizt Sie noch mehr. Sie wollen Sex mit Ihrem Partner haben. Aber mit wem haben Sie dann Sex – mit dem Partner oder mit dem Energiefeld? Sind Sie und er damit einverstanden? Oder wäre es Ihnen lieber, wenn Ihr sexuelles Verlangen der Liebe und der Leidenschaft entspringen würde, die Sie füreinander empfinden, wenn Sie also nicht von einer kollektiven sexuellen Energie erregt worden wären, die mit Ihnen und Ihrem Partner gar nichts zu tun hat?

DIE WIRKUNG DER EINGEDRUNGENEN SEXUELLEN ENERGIE

Eingedrungene sexuelle Energie beeinflusst das Hormonsystem. Sie versetzt den Körper in Erregung, manchmal in sehr starke Unruhe und Erregung. Sie können dadurch sexuell überaktiv werden, etwa auf Partys, bei denen die Tore vieler Menschen besonders weit offen sind. Diese starke sexuelle Erregung wird bisweilen als solche erkannt, manchmal eher als Unruhe erlebt, die es schwierig macht, vernünftig zu bleiben. Die einströmende sexuelle Energie kann Sie zu sexuellen Handlungen verleiten. Wollen Sie das, wenn Sie eine feste Beziehung haben? Oder wollen Sie den Austausch sexueller Energie auf Ihren Partner beschränken?

Bei Menschen, die reichlich sexuelle Energie aufnehmen, sind die Folgen erheblich. Im Grunde wollen wir mehr als bloßen Sex – wir wollen geliebt werden und diese Liebe auch beim Sex erfahren. Fehlt diese Liebe beim Sex, ziehen wir uns aus den Geschlechtsorganen zurück und haben dann viel weniger Kontakt mit ihnen. Gewiss, die grobstoffliche Erregung ist noch spürbar; aber der subtile Kontakt mit sich selbst fehlt. Wenn die Tore zu weit geöffnet sind, fließt immer wieder fremde Energie hinein. Das innere Selbst zieht sich dann zurück. Das Becken ist weniger empfindsam, weniger lebendig, weniger subtil. Es ist grobstofflich. Der Energiestrom wird schwächer, die Seele ist abwesend. Würde ein sensitiver Mensch die Hand auf den Unterleib eines Betroffenen legen, würde er zwar den Körper spüren, nicht aber die subtile Ausstrahlung der Seele. Darunter leiden die Funktionen des Unterleibes. Da Sie sich aus dem Unterleib zurückgezogen haben, erhalten das erste und das zweite Chakra weniger Lebenskraft und arbeiten deshalb schlechter. Das hat Folgen für die Kreativität, die Vitalität und das praktische Leben. Sie fühlen sich schwächer. Und Sie fühlen sich weniger schön, weil Sie so viel lieblose sexuelle Energie aufgenommen haben. Das Selbstwertgefühl nimmt ab. Manche Menschen verlassen sogar ihren Körper.

Werden die Tore geschlossen, berichten viele von erfreulichen Folgen, zum Beispiel:

Ich spüre meinen Körper besser.

Ich habe besseren Kontakt mit meinen Genitalien.

Mein Becken fühlt sich wärmer und lebendiger an.

Auf einmal spüre ich meine Beine und Füße. Das war schon lange nicht mehr der Fall.

Ich fühle mich schöner.

Ich fühle mich fraulich.

Ich spüre mehr Kraft.

Ich liebe mich selbst.

Mein Selbstwertgefühl ist stärker.

Hätte ich das doch früher gewusst!

Dass es so einfach sein kann!

Anders will ich es nie mehr haben.

Ich hätte nicht gedacht, dass die Wirkung so stark ist!

Ein einziges Mal haben wir damit auch in Gruppen gearbeitet. Wir ließen alle Teilnehmer ihre Tore schließen. Dies sind ihre Kommentare:

> Was für eine Ruhe!
> Es ist, als sei jede Spannung weg.
> Jetzt bin ich wieder ich selbst.
> Ich fühle mich wohler.
> Ich fühle mich sicherer.
> So könnte es immer sein. Herrlich!

14.2
WAHRNEHMEN, OB DIE SEXUELLEN TORE OFFEN SIND: VORAUSSETZUNGEN

Für eine solche Prüfung müssen wir natürlich neutral sein. Das hört sich einfach an; aber es ist schwierig. In unseren Kursen über kinesiologische Tests ist dies von Anfang an ein Kernthema, dem wir große Aufmerksamkeit widmen. Ohne Neutralität ist präzise Wahrnehmung unmöglich, einerlei, welche Methode Sie anwenden. Neutralität setzt voraus, dass Sie ruhig und entspannt sind. Bauchatmung sowie langsame Ein- und Ausatmung helfen dabei. Der nächste Schritt ist die Entwicklung des Herzens. Das kleine Herz ist sehr parteiisch, das große ist unparteiisch. Wann sind Sie im großen, wann im kleinen Herzen? Wie gelingt Ihnen der Übergang vom kleinen zum großen Herzen? Wie bleiben Sie im großen Herzen? Diese Fragen haben wir weiter vorne in diesem Buch beantwortet.

Wenn wir neutral sind, können wir präziser wahrnehmen. Dafür gibt es mehrere Methoden. Manche Menschen kommunizieren schnell und leicht mit inneren Bildern. Sie sehen ihre Wahrheit. Andere fühlen oder wissen sie.

Wahrnehmen setzt voraus, dass Sie sich auf die Frage konzentrieren. Das bedeutet, dass die Frage eindeutig und klar formuliert sein muss, damit Sie eine sinnvolle Antwort bekommen. Wahrnehmen setzt also Neutralität, eine klare Frage und kurze Konzentration voraus.

Wahrnehmen verlangt aber auch, dass Sie Ihren Kopf verlassen. Den Kopf, der immer nur denkt und denkt. Um das zu erklären, weichen wir ein wenig vom Thema ab. Wenn wir so denken, wie wir das normalerweise tun, arbeitet das Gehirn mit einer bestimmten Wellenlänge. Wenn wir entspannt sind, ändert sich die Wellenlänge. Allerdings hat jede der beiden Hirnhälften ihre eigenen Funktionen. Die eine Hälfte ist mehr für das logische Denken zuständig, die andere für Intuition, Fühlen und inneres Wissen. Wenn Sie schwer beschäftigt sind, ist meist die Hirnhälfte aktiv, die gut im logischen Denken und Argumentieren ist. In unserer Gesellschaft benutzen wir vor allem diese Hirnhälfte. Sie wird während der gesamten Schulzeit überstimuliert. Die fühlende, intuitive Hälfte wird kaum genutzt. Auch im Beruf stützen wir uns vor allem auf das logische Denken.

Wenn Sie wahrnehmen wollen, brauchen Sie diese Hirnhälfte weniger. Sie erzeugt zwar viele Gedanken, aber Sie sind damit nicht zufrieden. Sie fragen sich: „Denke ich das jetzt nur, oder ist es wirklich so?" Beide Hirnhälften müssen besser zusammenarbeiten. Das erreichen Sie am einfachsten, indem Sie sich entspannen. Darum beginnen wir jede Meditation, die wir leiten, mit einer Entspannungsübung. Wenn Sie wahrnehmen wollen, sollten Sie alles loslassen, und sei es nur für eine Minute. Je tiefer Sie loslassen, desto einfacher ist es, präzise wahrzunehmen.

Es gibt noch eine andere, sehr praktische Möglichkeit, die Wahrnehmung zu verbessern: durch die Atmung. Je schneller Sie atmen, desto unruhiger sind Ihre Gedanken. Das ist eine sehr wichtige Gesetzmäßigkeit. Auch dieses Prinzip beachten wir bei jeder Meditation und bei jedem intuitiven Wahrnehmen. Um die Gedanken zu beruhigen, verlängern Sie einfach die Ein- und Ausatmung. Besonders wichtig ist die lange und langsame Ausatmung, denn die Ausatmung symbolisiert Loslassen, und genau das brauchen Sie jetzt, weil Sie das hektische Leben aufgeben und tief innen wahrnehmen wollen. Atmen Sie also lange, langsam und tief aus. Entspannen Sie sich.

Die nächste Voraussetzung ist Leere. Innere Leere. Nicht wissen, ob Sie eine Antwort bekommen. Nicht wissen, ob Sie auch nur die kleinste sinnvolle Information bekommen – und das akzeptieren. Je mehr Sie diesen inneren Bereich des Nichtwissens zu akzeptieren wagen, desto weiter dringen Sie in Ihren inneren Raum des inneren Wissens vor. Es ist also erlaubt, nichts zu sehen, nichts zu wissen, nichts zu fühlen. Das ist die Gebärkammer des Wissens. Das ist die Tür. So gelangen Sie in die Sphäre des inneren Wissens.

Iris entspannt sich. Sie richtet ihre Aufmerksamkeit nach innen und atmet länger ein und aus. Sie spürt, dass sie aus dem Kopf nach unten sinkt. Sie entspannt sich tiefer. Sie weiß, dass sie jetzt in dem Raum ist, wo sie innerlich Fragen beantworten kann. Iris ist eine junge Frau, die gut mit inneren Bildern kommunizieren kann. „Ist mein Beckenbodentor offen für die sexuelle Energie anderer Männer?" Sie entspannt sich und wartet ruhig. Dann erscheint ein inneres Bild. Sie sieht sich auf der Straße. Ein Mann geht vorbei. Energie fließt von ihm in ihr Beckenbodentor. Iris entspannt sich tiefer. „Wie weit ist dieses Tor normalerweise offen?" Nun sieht sie eine Tür, die zu zwei Dritteln offen steht. Sie atmet aus und kehrt zurück.

Iris ist entspannt. Einerlei, welche Informationen sie bekommt, sie lässt los und akzeptiert ihr inneres Wissen. Sie versucht nicht, es zu beeinflussen, sondern nimmt alles an, was kommt. Das ist eine sehr nützliche Fähigkeit; denn damit kann sie weit kommen, wenn sie sich entwickeln will. Iris stellt sich selbst kritische Fragen. Sie bleibt auch dann entspannt, wenn die Wahrheit ihr nicht gefällt. Dieser Aspekt der Neutralität ist eine Eigenschaft des großen Herzens. Darüber haben wir bereits gesprochen. Sie ist eine sehr große Hilfe. Das große Herz vereint nämlich zwei Qualitäten. Die erste ist Wahrheit. Niemand kennt die Wahrheit besser als das große Herz. In dieser Hinsicht ist es kompromisslos; es lässt nicht mit sich handeln. Zugleich ist seine Liebe unbegrenzt. Deshalb können wir ehrlich mit uns selbst kommunizieren, wie das folgende Beispiel zeigt.

Karl ist 14 Jahre alt. Er hat mit seiner Mutter Inge vereinbart, dass er jeden Mittwochmorgen die Mülltonne an die Straße stellt. Als Inge von der Arbeit nach Hause kommt, sieht sie keine Mülltonne. Das Gefäß quillt über. Jetzt wird sie den Müll eine Woche lang nicht los. Wütend läuft sie hinein. „Karl", ruft sie, „komm her! Was hast du wieder angestellt! Die Mülltonne steht schon wieder nicht draußen! Du bist …" Sie schimpft fünf Minuten lang, reagiert sich richtig an Karl ab. Sie will ihm ordent-

lich den Kopf waschen, damit er es nächste Woche nicht wagt, seine Pflicht erneut zu vergessen.

Matthias ist 14 Jahre alt. Er hat mit seiner Mutter Sophia vereinbart, dass *er jeden Mittwochmorgen die Mülltonne an die Straße stellt. Als Sophia von der Arbeit nach Hause kommt, sieht sie keine Mülltonne. Das Gefäß quillt über. Jetzt wird sie den Müll eine Woche lang nicht los. „Das ist ärgerlich", denkt sie. Sie geht ins Haus, begrüßt Matthias und bereitet das Essen zu. Nach dem Abendessen ruft sie ihren Sohn zu sich und erklärt ihm, was passiert ist und welche Folgen es hat. Ihr Herz ist offen. Matthias und sie bleiben im Herzen verbunden. Matthias ist ruhig. Ihm ist klar, dass er einen Fehler gemacht hat und dass er das Folgen hat. „Wie kann ich das wiedergutmachen?", überlegt er. Er macht ein paar gutgemeinte, aber nicht sehr praktische Vorschläge. „Weißt du was", sagt Sophia. „Am kommenden Samstag gehen wir zusammen zur Müllverwertung und liefern die Müllbeutel dieser Woche dort ab. Vorher räume ich noch den Schuppen auf, und wir nehmen den Abfall gleich mit." Matthias sieht ein, dass das eine gute Idee ist. Erleichtert holt er tief Luft. „Ja, Mama, ich helfe dir dabei. Tut mir leid, dass es heute schiefgegangen ist."*

Stellen Sie sich vor, Sie seien Karl. Haben Sie noch Raum, um Lösungen zu suchen, oder ziehen Sie sich von Ihrer Mutter zurück und warten, bis wieder Ruhe herrscht? Tun Sie so, als würden Sie zuhören, obwohl Sie innerlich ganz woanders sind? Unterbrechen Sie die Verbindung mit sich selbst? Bleiben Sie in Verbindung mit Ihrer Mutter? Sind Sie wütend auf Ihre Mutter, weil sie schimpft, oder begreifen Sie, dass Sie tatsächlich einen Fehler gemacht haben und daher auch verpflichtet sind, gemeinsam mit der Mutter eine Lösung zu suchen?

Wie wäre es, wenn Sophia in dieser Situation Ihre Mutter wäre – und wenn sie immer so mit Ihnen reden würde? Wären Sie dann nicht viel offener und zugänglicher und zu einem vernünftigen Gespräch bereit? So einfach ist das.

Wann immer Sie Kontakt mit sich selbst herstellen, um wahrzunehmen, können Sie das als Inge oder als Sophia tun. Wenn Sie sich selbst verurteilen, ist es schwierig, der Wahrheit präzise und neutral ins Auge zu sehen. Sie würden wohl so reagieren, wie Karl auf seine Mutter Inge reagierte. Wenn Ihre innere Haltung die von Sophia ist – Sophia bedeutet „die Weise" –, haben Sie genügend Raum, um innerlich wahrzunehmen, was Sie an sich noch ändern sollten. Sie lieben sich selbst, auch wenn Sie Fehler machen. Sie sehen die Fehler klar und deutlich und haben Raum, um darüber mit sich selbst zu kommunizieren. Gutes Wahrnehmen müssen Sie lernen. Das ist ein Prozess, der dort anfängt, wo Sie jetzt sind. Im Laufe der Jahre machen Sie immer größere Fortschritte. Jeder steht bei diesem Prozess auf seinem eigenen Platz. Jeder kennt seine Entwicklung. Sie können nicht Ihr Nachbar sein, und er kann nicht Sie sein. Wer Sie jetzt sind, ist die Folge einer langen, langen Entwicklung. Prozesse dieser Art muss man lieben – man darf sie nicht erzwingen, und man darf nicht aufgeben. Die Entwicklung umfasst auch die Geschmeidigkeit, mit der Sie in den Raum treten, in dem Sie optimal wahrnehmen können. Das bedeutet, Sie verlassen Ihre hektische Lebensweise und stimmen sich auf die Wellenlänge (den Alpharhythmus) Ihres Herzens ab, in der eine andere Kommunikation mit sich selbst möglich ist. In unserer Praxis müssen wir einige hundert Mal am Tag diesen inneren Raum betreten. So lernen Sie mit der Zeit, den Übergang blitzschnell zu bewerkstelligen – eine oder zwei Sekunden, und Sie sind im anderen Raum. Wenn Sie beispielsweise von Beruf Betongießer sind, stellt die Arbeit ganz andere Anforderungen an Sie. Ihr Beruf fördert nicht die innere Wahrnehmung. Kein Wunder, dass Sie dann mehr Zeit brauchen. Aber auch wenn Ihr berufliches Umfeld solche Qualitäten nicht unterstützt, kann es sein, dass ein verborgenes Talent Ihnen hilft, schnell zu lernen. Alles ist möglich. Jeder lernt auf seine eigene, einzigartige Weise. Anders kann es gar nicht sein!

14.3
WAHRNEHMEN, OB DIE SEXUELLEN TORE OFFEN SIND: METHODEN

Wir haben untersucht, unter welchen Voraussetzungen präzise Wahrnehmung möglich ist. Nun beschreiben wir einige Techniken, mit denen Sie wahrnehmen können, ob und wie weit Tore passiv oder aktiv geöffnet sind. Wie bereits erwähnt, nehmen Menschen auf unterschiedliche Weise wahr. Darum beschreiben wir verschiedene

Methoden, abgestimmt auf die unterschiedlichen Arten der Wahrnehmung.

TORE FÜHLEND WAHRNEHMEN

Wenn Sie *fühlend* wahrnehmen wollen, ob und wie weit ein Tor geöffnet ist, konzentrieren Sie sich auf das Tor, das Sie interessiert. Sie sollten innerlich sehr genau wissen, welche Frage Sie stellen möchten. Zum Beispiel: „Ist mein Beckenbodentor offen für die sexuelle Energie anderer Männer, nicht nur für die meines Partners? Wie weit ist das Tor offen?" Wenden Sie Ihre Aufmerksamkeit dann dem Beckenboden zu, und fühlen Sie. Vielleicht spüren Sie dann die Energie, die einströmt. Eine sinnvolle Zusatzfrage wäre dann: „Ist das Tor auch aktiv offen?" Nehmen Sie dann in diesem Tor ruhig und aktiv wahr. Sie können sich auch auf Ihre Frage abstimmen und sich dann eine konkrete Situation vorstellen. Nehmen Sie wahr, wie das Tor sich in dieser Situation anfühlt. Fühlen Sie die Wirkungen im ganzen Körper. Visualisieren Sie dann eine andere Situation, und fühlen Sie erneut. So erhalten Sie nach und nach mehr Informationen.

Sobald Sie wissen, wie Sie Ihre Tore schließen können, ist es viel einfacher, klare Antworten zu bekommen. Dann können Sie nämlich vergleichen, wie es sich anfühlt, wenn ein Tor offen ist und wenn es unter den gleichen Umständen geschlossen ist. Wie Sie ein Tor schließen, lesen Sie weiter unten in diesem Kapitel.

ÜBUNG: Tore fühlend wahrnehmen

- Bereiten Sie sich vor (entspannen, Atmung verlängern, mit dem großen Herzen verbinden, das Ergebnis ganz loslassen).

- Konzentrieren Sie sich auf das Tor, das Sie prüfen wollen.

- Formulieren Sie Ihre Frage klar:

    Ist dieses Tor passiv offen?

    Ist dieses Tor aktiv offen? (Arbeiten Sie mit einer Frage nach der anderen!)

- Nehmen Sie das Tor fühlend wahr.

- Nehmen Sie fühlend wahr, wie die Auswirkungen anderswo im Körper sind.

Variante 1

- Stellen Sie sich eine konkrete Situation vor, zum Beispiel eine Party.
- Stellen Sie sich nun die gleichen Fragen wie oben.
- Nehmen Sie wahr, was im Tor und anderswo im Körper geschieht.

Variante 2

- Gehen Sie vor wie in Variante 1.
- Schließen Sie dann nachdrücklich das Tor (siehe unten).
- Fühlen Sie, was im Tor geschieht.
- Fühlen Sie, was anderswo im Körper geschieht.
- Hat sich etwas geändert, seit Sie das Tor geschlossen haben?

TORE WAHRNEHMEN, WENN SIE VOR ALLEM IN BILDERN MIT SICH KOMMUNIZIEREN

Wenn Sie besser *in Bildern* kommunizieren, können Sie ziemlich schnell Informationen beschaffen. Denken Sie daran, dass die Bilder, die Sie empfangen, von Ihrem Gemütszustand abhängen. Wenn Sie wütend, ängstlich oder verdrießlich sind oder Urteile fällen, dann hat das großen Einfluss auf die inneren Bilder. Darum ist es ratsam, immer intensiver zu lernen – Jahr für Jahr – um neutral wahrzunehmen.

Manche Menschen können Energiefelder mit ihrem dritten Auge buchstäblich wahrnehmen. Das ist möglich, wenn das dritte Auge vollständig entwickelt ist. Allerdings ist die Zahl der Menschen, die dazu fähig sind, begrenzt. Wir beschränken uns daher auf das Wahrnehmen von Symbolen mit geschlossenen Augen. Das ist Sehen in der inneren Welt, nicht in der äußeren. Wenn Sie mit Bildern arbeiten, können Sie in der Symbolsprache der Bilder kommunizieren. Ein gutes Bild für die Tore des Energiesystems ist eine schlichte Tür. Konzentrieren

Sie sich auf das Tor, stellen Sie Ihre Frage und lassen Sie die Antwort in Gestalt einer Tür kommen. Je weiter diese geöffnet ist, desto weiter steht Ihr Tor offen. So einfach kann das sein.

Wenn Sie gut in Bildern mit sich kommunizieren können, sollten Sie es auch mit Emotionen versuchen. Angenommen, Sie stellen fest, dass ein Tor passiv offen ist. Schließen Sie dann die Tür (siehe unten), und prüfen Sie mit Bildern, ob sie wirklich geschlossen ist. Wenn ja, untersuchen Sie fühlend, was in Ihnen vorgeht. So sammeln Sie eine Menge Informationen, die den Bildern mit Gefühlen Farbe verleihen. Dann ist die Wirkung stärker als mit Bildern allein. Sie erhalten mehr Informationen, mehr Einsichten, tiefere Einsichten; und das motiviert Sie, Veränderungen anzupacken.

Falls es Ihnen schwerfällt, gefühlsmäßig mit sich selbst zu kommunizieren, sollten Sie es dennoch versuchen. Seien Sie nicht enttäuscht, wenn Sie nicht sehr weit kommen; probieren Sie es immer wieder, bis sich diese Fähigkeit im Laufe von Jahren herausbildet.

Bilder liefern spezifische Informationen. Gefühle vollbringen das auf ihre eigene Weise; sie ergänzen die Bilder. Sollte das Fühlen nicht oder nur mühsam gelingen, ist es dennoch der Mühe wert – und sogar wichtig –, in der Sprache der Bilder weiterzufragen. Zum Beispiel:

Wie sehe ich aus, wenn das Tor offen ist?

Wie ändert sich meine Körperhaltung, wenn das Tor geschlossen ist?

Welchen Einfluss hat das auf die Beziehung mit meinem Partner?

ÜBUNG: Tore ahend wahrnehmen

- Bereiten Sie sich vor (entspannen, Atmung verlängern, mit dem großen Herzen verbinden, das Ergebnis ganz loslassen).

- Konzentrieren Sie sich auf das Tor, über das Sie sich informieren wollen.

- Formulieren Sie Ihre Frage klar:

Ist dieses Tor passiv offen?

Ist dieses Tor aktiv offen? (Arbeiten Sie mit einer Frage nach der anderen!)

· Lassen Sie die Antwort als Bild kommen.

Sie können warten, bis ein Bild kommt, oder …

Sie wählen das Symbol selbst. Ein gutes Symbol, um wahrzunehmen, wie weit ein sexuelles Tor passiv oder aktiv offen steht, ist eine Tür. *Wissen* Sie, dass Sie eine Tür sehen werden, die Ihnen genau zeigt, wie weit das sexuelle Tor offen ist (passiv oder aktiv). Lassen Sie das Bild dann kommen. Erzwingen Sie nichts. Lassen Sie das Bild einfach auf sich zukommen. Empfangen Sie das Bild!

TORE WAHRNEHMEN, WENN SIE VOR ALLEM WISSEND MIT SICH KOMMUNIZIEREN

Manche Menschen sehen Bilder, andere fühlen oder *wissen*. Wissen ist eine sehr wirksame Methode, Informationen zu empfangen. Wenn Sie etwas eindeutig wissen, kommt dieses Wissen immer von einer höheren Ebene. Aber wie können Sie sich Ihres Wissens sicher sein? Das ist keine einfache Frage. Das Wissen muss außerhalb der emotionalen Sphäre liegen. Es ist ein neutrales Wissen, völlig frei von Gefühlen. In unserem nächsten Buch werden wir untersuchen, wie Wissen von äußeren Kräften beeinflusst wird. In diesem Buch würde das zu weit führen.

Wissen ist Kommunikation mit einem Teil Ihrer selbst, der Wissen enthält. Dieses Wissen kommt aus einem anderen Raum. Einer der Räume, aus dem es fließen kann, ist das große Herz, jener Teil des Herzens, der bedingungslose Liebe ist. Je eindeutiger die Botschaft aus diesem Raum kommt, desto klarer ist Ihr inneres Wissen und desto höher seine Frequenz. Um klar zu wissen, müssen Sie sich also innerlich auf Ihr höheres Selbst abstimmen und ihm die Fragen stellen. Konzentrieren Sie sich gut auf die Frage … und *wissen* Sie die Antwort. Wenn dies Ihr Weg ist, dann können Sie inzwischen wahrscheinlich entscheiden, ob eine Antwort aus dem Denken oder aus einem anderen Raum kommt. Vergessen Sie nicht: Je neutraler Sie sind, desto klarer ist die Antwort.

ÜBUNG: Tore wissend wahrnehmen

- Bereiten Sie sich vor (entspannen, Atmung verlängern, mit dem großen Herzen verbinden, das Ergebnis ganz loslassen).
- Konzentrieren Sie sich auf das Tor, über das Sie sich informieren wollen, aber bleiben Sie im höheren Raum.
- Formulieren Sie Ihre Frage klar:

  Ist dieses Tor passiv offen?

  Ist dieses Tor aktiv offen? (Arbeiten Sie mit einer Frage nach der anderen!)
- Wissen Sie die Antwort.

Varianten

- Fühlen und wissen Sie die Antwort.
- Sehen und wissen Sie die Antwort.
- Fühlen, sehen und wissen Sie die Antwort.

Wie die oben beschriebenen Übungen zeigen, ist es durchaus möglich, verschiedene Methoden zu kombinieren. Jeder Mensch ist insofern einzigartig. Manche beherrschen einen dieser drei Wege ziemlich gut, andere sind mit allen ein wenig vertraut … jede denkbare Kombination kommt vor. Wählen Sie die Technik, in der Sie gut sind, und lassen Sie sich vor allem nicht von einer Technik entmutigen, in der Sie nicht so gut sind. Bleiben Sie ganz gelassen, und ermuntern Sie sich immer wieder, vorsichtig über Ihre Mauer zu gucken. Eines Tages verschwindet die Mauer, und ihre innere Kommunikation mit sich selbst ist wieder etwas leichter und vielseitiger geworden.

14.4
SEXUELLE TORE SCHLIESSEN

Wenn Tore passiv offen sind, können Sie zum Spielball anderer Leute werden. Andere können mit Ihnen tun, was sie wollen. Wenn Ihre Tore aktiv offen sind, spielen Sie mit anderen. Sie wollen immer ein sexuelles Spannungsfeld mit anderen aufbauen. Wenn Sie wahrgenommen haben, dass dies bei Ihnen so ist, wollen Sie die Tore vielleicht lieber schließen – oder auch nicht. Jeder Mensch ist darin frei. Die spirituelle Entwicklung verlangt, dass wir Tore schließen, wenn sie nicht nur für unseren Lebenspartner, sondern auch für andere Menschen offen sind. Jeder Mensch wählt seinen eigenen Weg. Für alle, die ihre Tore schließen wollen, beschreiben wir hier einige einfache, aber sehr wirksame Methoden.

Tore sind auf der feinstofflichen Ebene real. Sie existieren. Sie bestehen nicht aus Fleisch und Blut, aber sie haben über das Hormonsystem großen Einfluss auf den Körper. Die Dimension, in der sie existieren, ist nicht die stoffliche, sondern die feinstoffliche. Alles spielt sich also im Energiekörper ab. Unsere Tore bestehen wie der feinstoffliche Körper aus Energie. Das bedeutet, dass wir sie mit denselben Techniken beeinflussen können wie die anderen Aspekte des feinstofflichen Körpers. Wichtig dabei ist:

Energie wird von Bildern beeinflusst. Mit unseren inneren Bildern (durch Visualisieren) können wir also Tore schließen.

Energie wird von Gedanken beeinflusst. Also können wir Tore auch mit Gedanken schließen. Die Gedanken werden ihrerseits von der Tiefe, aus der sie kommen, und von den mit ihnen verbundenen Gefühlen gesteuert und beeinflusst.

Ort: Rajasthan, Indien. Wir haben einige Interessenten mitgenommen, um in Rajasthan meditieren zu lernen. Unterrichten wird uns eine Jaina-Nonne, deren Spezialgebiet die Preksha-Meditation ist. Während der Meditation sagt sie: „Du willst rein sein … noch reiner … noch reiner." Das Wort „rein" kommt aus der Tiefe ihrer Seele. Diese junge Frau sehnt sich zutiefst danach, ein reines Leben zu führen.

Wer seine Tore mit der gleichen Sehnsucht schließen will wie diese Nonne, der schließt sie mit großer innerer Entschlossenheit.

Energie wird von der Willenskraft beeinflusst, die hinter den Gedanken und Bildern steht. Man kann auch sagen: Ein Gedanke kann eine 10-Watt-Birne sein, aber auch ein 1000-Watt-Scheinwerfer. Darüber bestimmt die Willenskraft oder, anders ausgedrückt, das Verlangen, das Bild Wirklichkeit werden zu lassen.

Energie wird durch Widerstand beeinflusst. Darunter verstehen wir in diesem Zusammenhang alles, was Sie daran hindert, mit Ihren Bildern oder Gedanken zu tun, was Ihnen beliebt. Wenn Sie beispielsweise ein Tor schließen wollen, aber ein Teil von Ihnen das Tor gerne offen halten will, ist Ihre Fähigkeit, das Tor zu schließen, deutlich eingeschränkt. Darauf gehen wir später noch genauer ein.

Sie können Tore also mit Gedanken und mit Bildern beeinflussen. Diese Methode ist sehr wirksam, und für Menschen, die gut und klar wahrnehmen und fühlen können, sind die Folgen sofort spürbar. Im Grunde sind diese Techniken sehr einfach. Konzentrieren Sie sich auf ein Tor. Wissen Sie, dass es geschlossen ist. Fühlen Sie, dass es geschlossen ist. Sehen Sie, dass es geschlossen ist. Das ist alles. Sie können eine dieser Methoden anwenden oder mehrere kombinieren. Tun Sie, was bei Ihnen wirkt!

Wir erläutern diese Techniken jetzt noch etwas genauer, um Ihnen das praktische Wissen zu vermitteln, mit dem Sie loslegen können.

Ein Tor mit inneren Bildern schliessen

Wenn Sie gut mit Bildern arbeiten können, ist jedes Bild brauchbar, das Ihnen gefällt. Verwenden Sie Bilder, bei denen Sie sich gut fühlen, und die wirksam sind. Und vor allem: Seien Sie kreativ.

Tina beschließt, ihr Beckenbodentor, das passiv offen ist, zu schließen. Sie benutzt dafür eine Tür als Symbol. Zuerst visualisiert sie, wie weit die Tür derzeit offen ist. Dann wirft sie die Tür in ihrer Vorstellung kraftvoll zu und dreht den Schlüssel um. Zum Schluss legt sie noch ein paar Sandsäcke vor die Tür. So, da kommt niemand mehr durch!

Ein Tor mit Gedanken schliessen

Wenn Sie Ihr Energiesystem mit Gedanken beeinflussen wollen, dürfen Sie nicht vergessen, dass das System genau zuhört.

Ron beschließt, sein aktives Tor zu schließen. Er kann schlecht fühlen und gar nicht mit Bildern arbeiten. Das ist auch eine der tieferen Ursachen dafür, dass er offene aktive Tore hat. Auf der materiellen Ebene spürt er die sexuelle Erregung ziemlich gut. Sie gibt ihm das Gefühl, lebendig zu sein. Aber jetzt ist seine Frau schwanger, und er will seine Tore schließen.

Er konzentriert sich auf das Tor, das er schließen möchte. „Dieses Tor ist geschlossen … Dieses Tor ist geschlossen", wiederholt er einige Minuten lang stumm. Aber im Hintergrund flüstert eine Stimme andauernd: „Das klappt doch nicht … Was für ein Unsinn … Das bewirkt doch nichts!"

Rons Energiesystem hört unweigerlich, was Ron denkt: *„Das klappt doch nicht!"*

Sie sollten also an das, was Sie tun, glauben. Wie das Beispiel zeigt, verwenden Sie einfach einen Satz, der ausdrückt, was Sie *erreichen wollen*. Der Satz fasst also Ihr Ideal in Worte. Hätte Ron gesagt: „Ich will, dass dieses Tor sich schließt", hätte sein Energiesystem genau das getan: *wollen*. Aber wollen ist etwas anderes als geschehen. Wichtig ist außerdem, dass der Satz positiv formuliert wird. Verneinungen dürfen darin nicht vorkommen. Das System nimmt die Verneinungen nicht auf; es hört sie einfach nicht.

Mein Tor ist nicht offen.

Das Energiesystem überhört das Wort „nicht". Es hört also:

Mein Tor ist offen.

Das sind die wichtigsten Regeln für das Formulieren von Gedanken und die Arbeit mit ihnen. Es sind die gleichen Prinzipien, die für die

157

Arbeit mit Affirmationen gelten. Im Grunde handelt es sich um Affirmationen. Fassen wir diese Regeln noch einmal zusammen:

- Überlegen Sie genau, was Sie erreichen wollen. Fassen Sie Ihren Wunsch in Worte.
  Ich will, dass das passive sexuelle Tor in meinem Beckenboden völlig geschlossen ist.

- Formulieren Sie Ihr Anliegen so, als wäre es bereits erfüllt.
  Gut: Das passive Tor in meinem Beckenboden ist ganz geschlossen.
  Schlecht: Mein Tor schließt sich.
  Schlecht: Ich will, dass mein Tor sich schließt.

- Formulieren Sie immer positiv. Vermeiden Sie Verneinungen.
  Gut: Mein Tor ist geschlossen.
  Schlecht: Mein Tor ist nicht mehr offen.

- Wiederholen Sie die gewählte Formulierung sehr konzentriert, zum Beispiel zehnmal.

- Seien Sie davon überzeugt, dass das Tor jetzt geschlossen ist.

Schliesst ein Tor sich immer ganz?

Wenn wir andere lehren, Tore zu schließen, testen wir immer kinesiologisch, ob ein Tor tatsächlich geschlossen ist. Als Symbol dafür benutzen wir die Tür eines Schrankes in unserer Praxis. Je weiter diese Tür offen ist, desto weiter ist auch das Tor offen. Ist die Tür beim Test dicht, dann ist auch das Tor dicht.

Unserer Erfahrung nach schließt fast jeder, der eine solche Übung zum ersten Mal macht, das Tor nur teilweise. Nur wenige schließen es sofort ganz. Meist genügt es, wenn wir die Anleitung einige Male wiederholen. Wir testen dann jedes Mal, wie weit die Schranktür geschlossen ist. Dann weiß der Teilnehmer sofort Bescheid. Wir fragen auch immer, wie es sich anfühlt, damit er lernt, eine bestimmte Öffnung des Tores als Gefühl wahrzunehmen. Unseren Lesern und Leserinnen fehlt dieses direkte Feedback. Aber das muss kein Problem sein. Schließen Sie ein Tor einfach mehrere Male, bis Sie fühlen, dass eine weitere Wiederholung nicht notwendig ist. Das ist die Grundtechnik.

Manchmal schließt sich ein Tor wegen einer Blockade nicht ganz. Dann gehen wir in unserer Praxis unterschiedlich vor. Zuerst können Sie untersuchen, ob zuerst ein anderes Tor geschlossen werden muss. Unserer Erfahrung nach haben nämlich viele Menschen ein *Schlüsseltor*. Wird dieses geschlossen, schließen sich auch die anderen. Sie schließen sich dann (fast) ganz.

Blütenessenzen sind ebenfalls hilfreich. Konzentrieren Sie sich auf das Tor, und zwar auf den Punkt, an dem das sich schließende Tor nicht weiterkommt. Dies ist der Punkt des Widerstandes. Dort ist ein Prozess notwendig. Ihr Ziel ist die Auflösung der Blockade. Wenn Sie Blütenessenzen verwenden, wählen Sie eine Essenz aus, während Sie sich auf die Blockade konzentrieren, und nehmen sich vor, die Essenz zu finden, welche die Blockade beseitigt. Nehmen Sie dann ein paar Tropfen der Essenz ein, und konzentrieren Sie sich weiter auf die Blockade. Nach einer Minute versuchen Sie noch einmal, das Tor zu schließen. Sehr wahrscheinlich gelingt es jetzt. Falls Sie keine Blütenessenzen im Haus haben, wohl aber ein Buch, in dem sie beschrieben werden, benutzen Sie eine Liste aller beschriebenen Essenzen. Wenn Sie auch kein Buch zu diesem Thema besitzen, hilft unsere Website www.de-verbinding.com weiter. Dort finden Sie einen Überblick über viele Blütenessenzen. Konzentrieren Sie sich auf die Blockade mit der Absicht, dass diese sich durch das Mittel, das Sie jetzt finden werden, auflöst. Wählen Sie dann intuitiv ein Mittel aus der Liste aus. Sobald Sie wissen, welche Essenz Ihnen hilft, stellen Sie sich vor (sofern Sie mit Bildern arbeiten können), dass die Essenz in der Blockade wirkt. Halten Sie dieses Bild eine Minute lang fest. Wenn Sie nicht wissen, wie die Blütenessenz aussieht, *wissen* Sie eben, dass sie in der Blockade wirkt. Wenn Sie wollen, können Sie dort den Namen der Essenz hineinschreiben. Bleiben Sie eine Minute lang konzentriert, und schließen Sie dann das Tor erneut.

Eine andere Methode, Blockaden zu entfernen, ist die Konzentration auf das Tor. Atmen Sie ruhig und entspannt im Bauch. Durch Ihre Konzentration auf das Tor setzen Sie einen Prozess in Gang. Vielleicht merken Sie nichts davon, oder es stellen sich Gefühle, Bilder oder Gedanken ein. *Let it be.* Lassen Sie es sein, wie es ist, ohne zu urteilen. Nehmen Sie aus einer gewissen Distanz wahr, was vorgeht.

Atmen Sie weiter im Bauch, auch wenn starke Gefühle im Spiel sind. Wiederholen Sie diesen Vorgang im Laufe einiger Tage mehrere Male. Wahrscheinlich klappt es dann viel besser.

Lässt sich eine Tür schwer schließen, kann das die Folge Ihrer Erfahrungen sein. Wir haben bereits einige Techniken beschrieben, die Sie anwenden können. Möglicherweise ist auch ein äußerer Einfluss stärker als Ihr Wille. Damit sollten Sie rechnen, wenn alle genannten Methoden versagen. Es kann nützlich sein zu wissen, woher der Einfluss kommt. Dafür brauchen Sie aber so viel Sachkenntnis, dass ein Buch nicht ausreicht. Außerdem sind einige Risiken damit verbunden. Wenn Sie beispielsweise glauben, ein bestimmter Mensch übe diesen Einfluss aus, dann hat das Folgen für ihre Gefühle gegenüber diesem Menschen. Aber was ist, wenn Sie falsch wahrgenommen haben und dieser Mensch unschuldig ist? Vergessen Sie nicht, dass derjenige, den Sie beeinflussen, wahrscheinlich auch versucht, Sie zu beeinflussen, wenn Sie nach ihm suchen. Dann wissen Sie nicht genau, was wirklich vor sich geht. Bei solchen Nachforschungen müssen Sie also sehr erfahren sein; sonst richten Sie unnötigen Schaden an.

Zum Glück gibt es einen Weg, an solchen Einflüssen zu arbeiten, selbst wenn Sie nicht wissen, woher sie stammen. Konzentrieren Sie sich auf die Blockade, und visualisieren Sie dort weißes Licht. Halten Sie dieses Bild einige Zeit fest. Gelingt das nicht, denken Sie einfach: „Weißes Licht ... weißes Licht ... weißes Licht." Sie können sich auch auf den Widerstand konzentrieren und dabei stumm wiederholen: „Ich bin mein göttliches Selbst." Beide Sätze erzeugen ein starkes Feld aus positiver Energie, das eine starke Wirkung auf den negativen äußeren Einfluss hat. Wiederholen Sie diese Methode einige Tage (wenn nötig Wochen) lang mehrmals täglich. Eines Tages hat das weiße Licht die negative Energie, die Sie beeinflusst hat, transformiert. Wenden Sie diese Technik immer ruhig und würdig an. Kämpfen Sie gegen nichts an, sondern seien Sie das Licht. So vertreibt das Licht die Dunkelheit. Nicht durch Kampf, sondern indem es dort ist, wo die Dunkelheit ihren Einfluss ausübt.

BLEIBT EIN EINMAL GESCHLOSSENES TOR GESCHLOSSEN?

Angenommen, Sie haben alle aktiven und passiven Tore geschlossen. Sie fühlen sich dadurch ein wenig stabiler. Sie haben mehr Kontakt mit ihrem Körper. Sie fühlen sich auch selbstsicherer und schöner. Ihr Selbstwertgefühl hat zugenommen. Bleibt das so?

Eine Frau aus Bayern ruft wegen einer telefonischen Beratung an. Sie leidet sehr und schon ziemlich lange unter einem energetischen Einfluss. Im Gespräch wird deutlich, dass das Schließen der Tore Vorrang hat, um den Einfluss umfassend abzuwehren. Die Tore waren aktiv völlig dicht, aber passiv weit offen. Ich erkläre, was da geschieht. Sie versteht es und schließt ihre Tore. Sofort spürt sie einen enormen Unterschied. Als sie einen Monat später erneut anruft, sagt sie, ihre Welt habe sich dank dieser einen Beratung total verändert. Sie hat ihre passiven Tore geschlossen und wird sie nie mehr für jemanden öffnen.

Diese Frau bewies, dass Sie Tore bei optimaler Konzentration mit einem einzigen Versuch für immer schließen können. Meist gelingt das aber nicht. Dann müssen Sie regelmäßig üben, um am Ball zu bleiben und die Tore geschlossen zu halten. Ein solcher Prozess kann Wochen oder Monate dauern. Selbst danach können Sie plötzlich in das alte Verhaltensmuster zurückfallen. Sie müssen also gut aufpassen: erkennen, was geschieht, und dann sofort handeln und die Tore wieder schließen.

SEXUELLE TORE UND SEXUELLER MISSBRAUCH

Wenn die Tore passiv sehr weit offen stehen, ist dies ein deutliches Signal an die Außenwelt: „Ich bin wehrlos gegen sexuelle Energie, die mir aufgezwungen wird." Auf solche Signale reagiert die Umgebung stark, und Ihnen fließt eine Menge sexuelle Energie zu. Zudem ist die Gefahr größer, dass die sexuellen Avancen nicht auf die energetische Ebene beschränkt bleiben. Vielleicht werden Sie betatscht und mit anzüglichen Bemerkungen belästigt. Natürlich steigt auch das Risiko eines sexuellen Missbrauchs.

Wenn die Tore sowohl aktiv als auch passiv sehr weit offen sind, geht alles drunter und drüber. Der Strom sexueller Energie ist dann nicht mehr einzudämmen. Wenn Sie das bei sich beobachten, wissen Sie es für immer – so ist es jedenfalls uns ergangen. Das Risiko, dass Ihnen alles entgleitet, ist durchaus vorhanden. Die offenen aktiven Tore drücken sich oft auch in der Kleidung und im Verhalten aus: Sie wollen unbedingt sexy aussehen. Das Paradoxe ist, dass sogar an der Oberfläche etwas in Ihnen dieses Verhalten ablehnt. Denn das Tor ist passiv offen, und das bedeutet, dass Sie keinen Widerstand gegen die Energie leisten, die Sie eigentlich abwehren wollen. Obendrein gibt es tief in jedem Menschen einen wichtigen Teil, der nicht will, dass die Ich-Kraft geschwächt wird.

Bei Menschen, die in ihrer Jugend sexuell missbraucht wurden, stehen die Tore oft passiv weit offen. Sie kennen es nicht anders. Das Leben hat sie gelehrt, dass sie in dieser Hinsicht nichts zu sagen haben. Wie befreiend ist es dann, wenn sie lernen, die Tore zu schließen!

15
KONTAMINATION UND ENERGIEVERLUST IN THERAPIEGRUPPEN

Meiden Sie Gruppen, weil Sie todmüde davon werden? Dann ist dies Ihr Kapitel. Wir geben Kurse für viele Menschen, die hypersensibel sind und nicht an Gruppen teilnehmen wollen, weil sie sich dort viel zu verwundbar fühlen und unangenehme Erfahrungen damit gemacht haben. Und jedes Mal sind die Teilnehmer überrascht, dass sie bei uns fit bleiben und weder kontaminieren noch Energie verlieren. Wir verraten Ihnen unser Rezept. Aber es bedarf einiger Erläuterungen.

15.1
WARUM MENSCHEN IN THERAPIEGRUPPEN ENERGIE VERLIEREN UND UNREINE ENERGIE AUFNEHMEN

In vielen Therapiegruppen wird jeder gelobt, der sein Herz ausschüttet. Die Teilnehmer werden dazu nachdrücklich ermuntert. Manchmal hilft das. Oft nützt es jedoch nichts, sondern schadet eher, sowohl demjenigen, der die Emotionen ausdrückt, als auch den anderen Anwesenden. Die Idee, das Äußern von Gefühlen sei sehr wichtig, stammt aus den körperorientierten Therapien, mit denen große Namen verbunden sind, zum Beispiel Wilhelm Reich, Alexander Löwen, de Boyesens und viele andere. Die körperorientierte Arbeit ist eine Reaktion auf die Therapieformen, die es davor gab. Das waren vor allem verbale Therapien. Vergessen Sie nicht, dass Therapien, die Menschen bei ihrer Persönlichkeitsentwicklung helfen wollen, noch ziemlich jung sind. Freud war der große Vorgänger. Er stellte fest, dass viele emotionale und seelische Probleme eine sexuelle Ursache haben, und suchte nach einem Verfahren, um diese Probleme zu behandeln. So entdeckte er die Psychoanalyse: Sie liegen jeden Tag beim Psychiater eine Stunde auf dem Sofa, um dort durch freies Assoziieren alle Ihre verdrängten sexuellen Impulse aufzudecken. Ihre Deutungen, oft in sexueller Symbolsprache, unterstützen diesen Prozess. Danach kamen einige andere große Strömungen. Die wichtigsten von ihnen waren die Sprechtherapie und die Verhaltenstherapie, die mit Strafen und Belohnungen arbeitete. Das half ... manchmal recht gut, manchmal wenig, bisweilen gar nicht. Viele Menschen erlangten alle Einsichten – aber der Schmerz und die Probleme blieben. Innovative Therapeuten fanden heraus, dass sich Verspannungen im Körper festsetzten. Wurden diese Verspannungen beseitigt, entlud sich der Patient emotional. Es kam zu überraschenden Heilungen ... manchmal! Viele therapeutischen Methoden wurden auf der Grundlage dieses einfachen, aber im Kern schlüssigen Prinzips entwickelt. Auch wir wurden in einem dieser Verfahren ausgebildet, lernten viele andere kennen und wendeten sie auch bei der Arbeit mit unseren Klienten an. Mit Erfolg ... bisweilen mit großem Erfolg. Aber nicht immer. Manchmal war die emotionale Entladung für einen Klienten ein Ziel an sich. Ein andermal haftete er an den emotionalen Entladungen. Für ihn waren sie eine Möglichkeit, wahrhaftig zu leben. Aber dafür sind die Entladungen nicht bestimmt. Sie weisen allenfalls den Weg zum wahrhaftigen Leben.

Was war schiefgegangen? Die emotionale Ladung war bei vielen Therapieformen zu sehr das Ziel an sich. Hauptsache, Sie entladen sich; dann ist alles gut. Aber das führt längst nicht immer zu innerem Wachstum. Dafür ist eine nach innen gerichtete Einstellung notwendig, eine innere Prüfung. Wichtig ist vor allem auch die Bereitschaft, die Verantwortung für die eigenen Fehler zu übernehmen. Inneres Wachstum setzt zudem den Mut voraus, tief im Inneren zu fühlen, was ein Symptom für uns bedeutet. In der Welt der körperorientierten Therapien werden in dieser Hinsicht manche Fehler gemacht. Wenn jemand heftig seine Emotionen ausdrückt, wird das oft mit tiefem Fühlen gleichgesetzt. Das Gegenteil ist wahr. Es wird viel abreagiert, aber kaum tief gefühlt. Dies liegt auch daran, dass das Äußern von Emotionen bei der körperorientierten Arbeit eine Art Gruppenzwang ist. Also tun Sie Ihr Bestes, um viele Emotionen auszudrücken. Das gehört eben dazu.

Spiritualität verlangt eine nach innen gerichtete Einstellung und eine Selbstprüfung. Die Emotionen, die dann hochkommen, sind äußerlich viel sanfter, aber innerlich viel tiefer und heilender. Das setzt eine andere Haltung voraus. Ein wichtiger Aspekt dieser anderen Haltung besteht darin, dass Sie die Verantwortung für das übernehmen, was Sie sind und was Sie mitgemacht haben. Sie selbst haben die Umwelt ausgesucht, in die Sie hineingeboren wurden – weil diese Umwelt Ihre Entwicklung am meisten fördert. Sie selbst sind der „Schöpfer" dieser Umwelt, nicht ihr Opfer. Die Kunst des Lebens besteht darin zu entdecken, was Sie aus dem Leid, das Sie selbst verursacht haben, lernen wollten. Dann gilt es, diese Lektionen zu lernen und weiteres Leiden zu vermeiden. Verantwortung ist das Schlüsselwort. Sie fehlt in vielen körperorientierten Therapien. Sie bekommen jede Gelegenheit, sich an den Menschen abzureagieren, auf die Sie wütend sind oder die Ihnen Kummer bereiten, ohne die Verantwortung für Ihre eigenen Fehler zu übernehmen. Dies hat bei manchen körperorientierten Therapien – die übrigens selektiv angewandt durchaus helfen können und die auch wir noch anwenden – zu einer Fehlentwicklung geführt: Sie benutzen systematisch Techniken, die Auravermischung, Kontamination und Energieverlust begünstigen.

In Gruppentherapien werden die Emotionen eines Teilnehmers teils methodisch als Katalysator benutzt, um den anderen ebenfalls zu einer emotionalen Entladung zu verhelfen. Das wirkt so wie in einem Fußballstadion. Wenn ein Teil der Zuschauer zu singen beginnt, geht eine Welle durchs Stadion, und bald singen alle aus voller Brust mit. Der Gesang einiger Zuschauer bildet ein energetisches Feld, mit dem die anderen mitschwingen. Die Anhänger eines Vereins sind sozusagen Stimmgabeln, die eine Resonanz auslösen. Wenn ein Teilnehmer einer Gruppe zu weinen beginnt oder wütend wird, fordert der Therapeut ihn auf, seine Emotionen herauszulassen. Tränen fließen; es wird geweint, geschrien, gestampft ... und schon bald spürt ein anderes Gruppenmitglied eine ähnliche Gefühlsaufwallung – und weint mit. Die Welle setzt ein, und kurze Zeit später weinen oder schreien mehrere Teilnehmer.

Können Sie sich vorstellen, welche Wirkung das auf Menschen mit einer weit offenen, großen Aura hat? Sie fühlen alles mit. Obendrein sind sie oft daran gewöhnt, dass ihre Aura zu anderen hinüberfließt, vor allem wenn Emotionen im Spiel sind. Wer sind dann Sie, und wer ist der andere? Für Menschen, deren Aura leicht „zerfließt", ist diese

Methode daher ungeeignet und unhygienisch; denn ihre Aura wird verschmutzt, und sie werden davon hundemüde.

Sehr wichtig ist auch, dass das Ausdrücken von Emotionen bei diesen therapeutischen Ansätzen manchmal wichtiger ist als das tiefe innerliche Fühlen und die Bereitschaft, für den Prozess die Verantwortung zu übernehmen. Wer Emotionen äußert, ohne sich innerlich dafür verantwortlich zu fühlen, kontaminiert immer. Wenn also mehrere Teilnehmer einer Gruppe zusammen eine Welle bilden und Emotionen entladen, erfüllt emotionale Energie den ganzen Raum. Aber das ist unreine Energie, die für andere nicht gesund ist. Und wenn Sie sich in diesem Raum aufhalten und energetisch nicht sehr gut auf sich selbst abgestimmt sind, geraten Sie in Resonanz mit den tieferen Schwingungen und nehmen diese in Ihr Energiesystem auf. Darum kehren hochempfindliche Menschen oft völlig schlapp von solchen Therapiesitzungen zurück. Für sie ist es besser, subtilere Therapieformen zu probieren, die auf einer höheren Ebene arbeiten. Höher bedeutet hier, dass keine unreine Energie freigesetzt wird und dass Verantwortung an erster Stelle steht.

Schweifen wir ein wenig ab. Ist Ihnen schon einmal aufgefallen, dass manche Räume, in denen Therapeuten arbeiten, sich frisch und hell anfühlen, während andere einen engen und dumpfen Eindruck machen? Das Geheimnis ist Verantwortung. Wenn der Therapeut erreicht, dass jeder Teilnehmer während des ganzen Prozesses die Verantwortung für seinen eigenen Prozess übernimmt, bleiben alle Anwesenden stark. Dann enthält der Raum keine negative Energie, selbst wenn ein Gruppenmitglied tiefe und schmerzliche Gefühle erlebt. Wenn Sie einen kontaminierten Raum betreten, wissen Sie, dass der Therapeut diese Fähigkeit nicht hinreichend besitzt. Natürlich machen es ihm manche Teilnehmer schwerer als andere. Aber das ändert grundsätzlich nichts. Wenn Sie in einen derart verunreinigten Raum gehen, wissen Sie Folgendes:

Der Raum ist energetisch kontaminiert.

Der Therapeut hatte den Prozess beim vorigen Patienten nicht vollständig im Griff: Der Patient hat Gefühle geäußert, ohne die Verantwortung dafür zu übernehmen. Er hat seine Ladung abgeworfen, ohne sich näher mit ihr zu befassen.

Der Therapeut hat sehr wahrscheinlich einen großen Teil der disharmonischen Energie in sich aufgenommen.

Wenn der Therapeut mit den Händen gearbeitet hat, haftet die disharmonische Energie sehr wahrscheinlich auch an seinen Armen und Händen.

Wenn der Therapeut Sie anfasst, geht diese unreine Energie wahrscheinlich teilweise auf Sie über.

Wenn Ihr Energiesystem zu offen ist, wird es während der Konsultation wahrscheinlich spürbar kontaminiert.

Das gilt für individuelle Therapien, Paartherapien und natürlich auch für alle Gruppen.

Aber warum haben unsere Klienten damit wenig oder keine Probleme? Weil wir Emotionen nicht als Ziel an sich betrachten. Emotionen *können* ein notwendiger Weg sein, zum Beispiel wenn Sie ein Kind verloren haben oder selbst jung und sehr krank sind. Oder wenn der Schmerz eines schweren Traumas hochkommt. Emotionen sind uns durchaus willkommen; denn sie öffnen und heilen. Sie lockern erstarrte Strukturen und wirken befreiend, wenn jemand sich beengt und in sich selbst eingesperrt fühlt. Wir bitten Klienten immer, tief zu fühlen und innigen Kontakt mit sich selbst herzustellen. Wir bleiben ruhig, sehr ruhig – auch innerlich. Je heftiger die Emotionen sind, desto ruhiger sind wir. Wir erzwingen also keine Emotionen, wie es bei körperorientierten Therapien oft geschieht. Wichtig ist auch, dass wir vollkommen außerhalb der emotionalen Sphäre bleiben. Wir bleiben im Raum des Herzens, wo wir uns wohlfühlen und wo Liebe und Mitgefühl für andere herrschen, einerlei, wo der andere sein mag. Von dieser Ruhe aus begleiten wir den Klienten. Der Klient profitiert davon. Er stimmt sich immer tiefer auf sein Inneres ein. Er geht nach innen und nicht nur nach außen. Werden Emotionen nur nach außen abgeleitet, ohne inneren Kontakt, brechen wir diesen Vorgang sofort ab. Denn dadurch entwickelt sich der Klient nicht weiter. Er muss den

Unterschied zwischen innerem Wachstum und bloßem Abreagieren erfahren.

Das ist unsere innere Einstellung zum Klienten, der in der Gruppe seinen Prozess durchmacht. Das Zerfließen und Verschmutzen der Aura ist dann viel geringer. Wir verstärken diesen Prozess, indem wir der Gruppe von Anfang an erklären, wie sie mit emotionalen Entladungen umgehen soll. Machen Sie einfach mit!

Wir visualisieren eine Reise ins Herz. Schließt alle die Augen. Ich sehe, dass Tinas Brustkorb immer schneller und höher atmet. Eine emotionale Entladung baut sich auf. Dies ist für uns der erste Tag mit dieser Gruppe, und es ist der erste emotionale Prozess.

Es ist gut, wenn Emotionen hochkommen. Ihr dürft sie tief innen fühlen und auch nach außen entladen. Aber am wichtigsten ist das Fühlen. Atmet im Bauch, damit eure Emotionen tief verarbeitet werden.

Folgendes ist am wichtigsten: Bleibt in eurer eigenen Energie. Schwingt nicht mit anderen mit, wenn sie Emotionen fühlen und äußern. Bleibt ihr selbst. Wenn ihr Tina helfen wollt, dann geht in euer Herz, in den Raum, wo ihr bedingungslose Liebe spürt. Fühlt in diesem Raum, dass Tina ihren Prozess durchleben darf. Es ist ihr Prozess, nicht eurer. Tragt sie in eurem Herzen, damit sie sich getragen fühlt und ihren Prozess durchhält. Bleibt aber in eurem eigenen Raum.

Vielleicht merkt ihr, dass eure Aura sich ausdehnt und Kontakt mit Tina aufnehmen will. Nehmt das wahr. Nehmt wahr, welche Folgen das hat. Holt euer Feld dann etwas weiter zurück. Nehmt wahr, dass ihr euch jetzt anders fühlt. Ihr helft Tina am meisten, wenn ihr zulasst, dass sie ihren eigenen Prozess durchlebt, und wenn ihr nicht zerfließt und nicht mitschwingt. Es ist ihr Prozess, nicht eurer.

Während der Übung begleiten wir Tinas Prozess. Entscheidend ist, dass sie tut, was sie tun muss. Sie hat in diesem Augenblick allen Raum, den sie dafür braucht. Gleichzeitig führen wir die Gruppe durch ihre eigene Übung und erklären allen, wie sie bei sich selbst bleiben können. Nach der Übung besprechen wir, welche Prozesse sich abgespielt haben. Bei empfindsamen Menschen untersuchen wir, ob sie bei sich selbst geblieben sind oder nicht. Wenn ja, war das anders als das, was sie gewöhnt sind, und was ist besser für sie? Wenn nein – was ist der Grund? Was ist Ihr Muster? Wollen Sie es ändern? Wie können Sie daran arbeiten?

So entsteht in einer Gruppe ziemlich schnell eine Kultur – denn jeder Kursleiter erschafft in seiner Gruppe seine eigene Kultur –, in der Menschen an sich selbst arbeiten können, ohne andere zu kontaminieren und ohne kontaminiert zu werden. Dann bleibt der Raum frisch und erfrischend.

15.2
TIPPS FÜR THERAPEUTEN

Wenn Sie sich für den Beruf des Therapeuten entschieden haben, wollen Sie anderen Menschen helfen. Sie empfinden auf Ihre Weise Mitgefühl für das Leiden anderer. Ihre Arbeit verlangt von Ihnen – bei jedem Klienten und jeder Gruppe aufs Neue –, dass Sie fühlen, was vorgeht. Dass die anderen sich verstanden und beachtet fühlen. Dies ist die Grundlage und der Motor Ihrer Arbeit. Wenn Sie sensibel sind, haben Sie möglicherweise auch eine etwas größere Aura. Das Leben hat Sie gelehrt, dass Sie sich mit dieser großen Aura und mit Ihren Chakras in andere einfühlen können. Wahrscheinlich nutzen Sie diese Fähigkeit bei Ihrer Arbeit, verfeinern Sie sogar, weil Sie sie bei jedem Kontakt mit Klienten brauchen. Es ist hilfreich, wenn Sie prüfen, ob das bei Ihnen wirklich so ist. Wenn ja, müssen Sie sich darüber im Klaren sein, dass Sie bei Ihrer Arbeit kontaminiert werden können und Energie verlieren. Das kann so weit gehen, dass Sie nur eine begrenzte Zahl von Klienten pro Woche verkraften – andernfalls werden Sie zu müde. Es kann sogar sein, dass Sie Ihre Arbeit unterbrechen müssen, weil Symptome auftreten, die an Burnout erinnern.

Deshalb sollten Sie den Umgang mit Schwingungsresonanzen und den energetischen Schutz sehr ernst nehmen. Ohne diesen Schutz geht es nicht. Manche Menschen sind von Natur aus besser geschützt, andere müssen hart dafür arbeiten. Wir möchten Ihnen hier einige Tipps geben.

Sehr wichtig ist das Aufstellen der Stühle und Tische im Raum. Wenn Sie einen Tisch zwischen Ihren Stuhl und den des Klienten stellen, ist das eine recht klare Botschaft: „Das ist mein Raum, und das ist deiner". Sie können diese Botschaft liebevoll und respektvoll aussenden. Bei einer offenen Sitzanordnung schaffen Sie viel mehr Raum für Kontamination und Zerfließen der Aura. Wenn es Ihnen unangenehm ist, einen Tisch zwischen sich und Ihren Klienten zu stellen, liegt das vielleicht daran, dass Sie Kontakt mit einem Klienten suchen, der nicht ganz rein ist. Es kann auch sein, dass Sie selbst zerfließen wollen, weil Sie innerlich ein wenig leer sind. Daran müssen Sie arbeiten. Auch wenn Sie mit Gruppen arbeiten, ist die Anordnung der Möbel sehr wichtig. Wir legen immer großen Wert auf deutlichen Abstand von der Gruppe, denn wir sind kein Teil von ihr, sondern leiten sie. Vergessen Sie nicht, dass alle Teilnehmer dem Kursleiter Energie zusenden. Sie können auch etwas vor Ihren Stuhl stellen, zum Beispiel einen Blumenstrauß. Wichtig ist, dass Sie sich innerlich von der Gruppe lösen und beschließen, kein Teil von ihr zu sein. Falls Ihnen das unangenehm ist, liegt ein Widerstand vor, dem Sie ebenfalls auf den Grund gehen sollten – es lohnt sich.

Wenn eine Konsultation beendet ist, geht Ihr Klient nach Hause. Sie machen wahrscheinlich mit dem nächsten Klienten weiter. Dadurch beenden Sie auch zum Teil den Kontakt mit dem vorigen Klienten; denn Sie müssen sich ja nun ganz auf den neuen Klienten konzentrieren. Ihr Klient ist in einer ganz anderen Position. Er hat sich schon lange vor der Konsultation mit seinem Problem beschäftigt. Jetzt ist die Konsultation vorbei, und er redet wahrscheinlich darüber – sei es mit einer Begleitperson, sei es mit sich selbst. Alle Gedanken und Gefühle, die dabei hochkommen, bilden Energiefelder, die zu Ihnen wandern. Je mehr dieser Klient die Verantwortung dafür übernimmt, was er denkt und fühlt, desto schwächer ist das Feld, das als dunkle Wolke zu Ihnen treibt. Wenn der Klient jedoch wütend auf Sie ist, weil er sich irgendwie benachteiligt fühlt, oder wenn er sich für ein Opfer hält, schwebt seine Energie als Gewitterwolke über Ihnen. Das geschieht auch, wenn der Klient abends – oder auch Tage später – bei seiner Partnerin oder bei einem Freund über Sie schimpft. Die Energie weiß, wo Sie zu finden sind, einerlei, wo Sie sich aufhalten, vierundzwanzig Stunden am Tag. Wenn Sie gut mit sich in Kontakt sind, haben sie einen guten energetischen Schutzschirm und diese unreine Energie prallt von Ihnen ab wie Regen von einem frisch polierten Auto. Die Energie erreicht Sie nicht. Aber wenn Sie zu offen sind, zum Zerfließen neigen oder sehr emotional sind, kann diese Energie viel weiter in Sie eindringen. Dann sind sie sehr verwundbar. Vielleicht werden Sie dann plötzlich todmüde oder gereizt, oder Sie bekommen Bauchweh. Es hilft, wenn Sie Ihre Emotionen im Griff haben, sobald das geschieht. Diese Probleme können ein Ansporn sein, sich weiterzuentwickeln.

Ein Kernthema bei alledem ist das Zerfließen der Aura. Geschieht das oft bei Ihnen? Wenn Sie das wissen, dann sollte Ihnen auch klar sein, dass der Preis dafür in Ihrem Beruf ziemlich hoch sein kann. Es ist fast unmöglich, als Therapeut ein volles Wartezimmer zu haben, wenn Ihre Aura zum Zerfließen neigt. Das ist viel zu anstrengend. Machen Sie sich klar, dass Sie oft mit Menschen arbeiten, die sich im Ungleichgewicht befinden. Nur *diese* Energie wird freigesetzt. Nur diese Energie nehmen Sie auf, wenn Ihre Aura sich mit der Aura eines Klienten vermischt. Das kostet viel Lebenskraft. Ein einziger Klient, mit dem Sie sich energetisch vermischen, kann Sie völlig auslaugen – denn er kann Ihnen Tag und Nacht Energie nehmen. Sie werden zur Tankstelle, er tankt. Das geschieht nun einmal auf der feinstofflichen Ebene. Aber dieses „Tanken" ist nur möglich, wenn Sie es wollen oder wenn Sie Ihr Energiefeld nicht hinreichend abgrenzen. Es kann sich um eine schlechte Abgrenzung der ganzen Aura handeln, etwa beim Zerfließen; aber es kann auch sein, dass ein bestimmtes Chakra Energie verliert. Ein Beispiel dafür ist das Wurzelchakra, das beinahe alles im Leben reguliert. Ein Klient, der nicht sehr gut mit diesem Chakra zurechtkommt, wird Ihre Fähigkeiten auf diesem Gebiet dankbar ausnutzen und von Ihrem Wurzelchakra Energie abzapfen. Natürlich ist er dafür zu hundert Prozent verantwortlich. Und Sie sind zu hundert Prozent dafür verantwortlich, dass Sie es zulassen. Das Einzigartige an dieser Situation ist, dass Sie die Verbindung von sich aus unterbrechen können. Das heißt, Sie können den Eingriff in Ihr Energiesystem sofort und vollständig beenden, ohne Einwilligung oder Mitarbeit des anderen – allein dadurch, dass Sie es auf allen Ebenen eindeutig beschließen.

Wenn Sie häufig Energie von einem Klienten absorbieren, sollten Sie zwischen den einzelnen Beratungen eine Pause einlegen, damit Ihr

Energiekörper sich einigermaßen erholen kann. Dann beruhigen Sie sich ein wenig. Die Aura und die Chakras, die während der Konsultation zu stark auf den Klienten abgestimmt waren, lösen sich von ihm. Sie konzentrieren sich wieder mehr nach innen. Geschieht das nicht, besteht die Gefahr, dass Ihre Aura im Laufe des Tages ständig dünner wird und Sie immer mehr kontaminiert werden oder immer mehr Energie abgeben.

Es ist zudem sinnvoll, den Raum zwischendurch energetisch zu reinigen, zumindest dann, wenn Sie wissen, dass Klienten eine Menge unreine Energie zurücklassen. Sie können auch andere empfindsame Menschen fragen, wie angenehm und hell sich der Raum anfühlt. Diese Reinigung des Raumes ist natürlich auch für Sie wichtig, denn sie verhindert, dass Sie sich den ganzen Tag in einem Feld aus negativer emotionaler Energie aufhalten. Stellen Sie sich ein Zimmer voller Zigaretten- und Zigarrenrauch vor. Selbst wenn Sie sich nur kurze Zeit darin aufhalten, stinken Ihre Kleider schrecklich. Wenn Sie eine Stunde darin waren, müssen Sie die Kleider lüften. Und wenn Sie den ganzen Tag in diesem Zimmer verbracht haben, stinken Ihre Haare und Poren. Ihr Partner und Ihre Kinder rümpfen die Nase. Genau so verhält es sich auf der feinstofflichen Ebene. Je schlechter Ihre Aura abgegrenzt ist und je länger Sie sich in einem Raum mit negativen Ladungen aufhalten, desto mehr unreine Energie haftet an Ihnen. Diese Energie nehmen Sie mit nach Hause und geben sie an Ihren Partner und Ihre Kinder weiter. Empfindsame Menschen spüren es sofort, wenn ihr Partner solche energetischen Ladungen ins Haus schleppt. Auch dem Partner zuliebe sollten Sie also möglichst sauber nach Hause kommen. Es ist ein deutlicher Unterschied, ob Sie einen energetisch sauberen Partner umarmen oder einen, den Wolken aus dunkler Energie einhüllen. Es ist, als würden Sie eine sonnige Landschaft oder einen düsteren, unruhigen Himmel betrachten. Es ist sehr wichtig, mit sich im Kontakt zu sein.

Was für Sie gilt, das gilt auch für Ihre Klienten. Es ist aus therapeutischer Sicht ungünstig, wenn ein Klient einen energetisch kontaminierten Raum betritt. Die Schwingung in diesem Raum ist viel niedriger, und es ist schwieriger, bei der Konsultation eine höhere Ebene zu erreichen. Ist der Klient feinfühlig, nimmt er die dunkle, negative Energie eines früheren Klienten auf und trägt sie mit nach Hause. Dieser Vorgang ist mit einem Bad zu vergleichen. Würden Sie gerne in eine Wanne steigen, die schon ein anderer benutzt hat? Bestimmt nicht. Auch deshalb ist es wichtig, dass Sie zwischen den Klienten Pausen einlegen, wenn Ihre Aura sich leicht mit der Aura anderer vermischt, so dass Sie kontaminiert werden. Das Gleiche gilt, wenn Sie bei Klienten viele Emotionen aufdecken, deren Energie dann im Raum hängen bleibt. Wie bereits erwähnt, geschieht genau das, wenn der Klient während der Konsultation nicht die volle Verantwortung für seine Situation übernimmt.

Zwischen zwei Beratungen können Sie vieles tun, um die Qualität Ihres eigenen Energiefeldes und des Arbeitsraumes zu verbessern. Am einfachsten ist es, wenn Sie die Fenster und Türen öffnen, so dass frische Luft einströmt. Davon profitiert jeder Raum.

Außerdem ist jede Art der Meditation hilfreich, die Sie nach innen führt. Denn wenn Sie sich nach innen konzentrieren, lösen Sie sich besser vom vorigen Klienten und machen Ihren Energiekörper kompakter. Alles, was Ihre Energiefrequenz erhöht und Ihr Energiefeld reinigt, ist willkommen, weil es dazu beiträgt, Ihre Eigenschwingung aus der emotionalen Sphäre in eine höhere Sphäre zu verschieben. Denken Sie an ein Buch, das in einem sauberen Feld mit hoher Schwingung geschrieben wurde; an ruhige, reine Musik; an Mantras, die reinigend und heilend wirken wie zum Beispiel das *Gayatri*-Mantra aus Indien und das Mantra *Om Mani Padme Hum* aus Tibet. Diese Mantras als Sprechgesang sind sehr hilfreich, wenn Sie Ihr Energiefeld reinigen, kompakter machen und höher schwingen lassen wollen.

Natürlich können Sie einen Raum auch mit Weihrauch oder weißem Salbei *(Salvia apiana)* reinigen. Weißen Salbei haben die amerikanischen Indianer früher für ihre Reinigungszeremonien verwendet; deshalb wird er auch indianischer Räuchersalbei genannt. Er darf nicht mit unserem Küchensalbei *(Salvia officinalis)* verwechselt werden. Weißen Salbei können Sie als kleine Zweige, als lose Blätter oder in Beuteln mit Zweigen und Blättern kaufen. Sie brauchen nur ein paar Blättchen, um Ihre Aura zu reinigen. Salbei ist wundervoll, wenn das Energiefeld verunreinigt ist. Zünden Sie die Blättchen an den Spitzen an, so wie man Weihrauch anzündet. Sobald sie brennen, pusten

Sie die Flamme aus. Es ist erstaunlich, wie viel Rauch ein paar Blätter erzeugen. Am besten legen Sie die glimmenden Blättchen in eine kleine Schale oder etwas Ähnliches, um Ihre Kleider und den Fußboden nicht mit Ruß zu beschmutzen. Bewegen Sie die Schale dann in Ihrer Aura hin und her. Räuchern Sie die Stellen, die Ihre Intuition Ihnen angibt. Sie können die Schale auch auf den Boden stellen und dann langsam um sie herum gehen. So können Sie die Aura in größerem Abstand mit Rauch behandeln. Natürlich kann das auch jemand anders übernehmen.

Um einen Raum mit Salbei zu reinigen, stellen Sie eine Schale mit schwelenden Blättern so auf, dass der Rauch durch den ganzen Raum streicht. Anschließend sollten Sie lüften, da Salbei einen durchdringenden Geruch hat, der nicht jedem zusagt. In unserem Buch *Energetischer Schutz* geben wir noch einige weitere Tipps zum Reinigen und Schützen von Räumen.

Anhang

ÜBUNGSVERZEICHNIS

LITERATUR

Dieses Buch stützt sich nicht auf ein Literaturstudium, sondern auf unsere Erfahrungen und unsere Arbeit als Therapeuten in den vergangenen dreißig Jahren. Wir danken allen Klienten, denen wir helfen durften, und allen Menschen, die uns durch ihr Vorbild, ihr Wissen und ihre Weisheit inspirierten.

Gerne machen wir Sie auf unsere anderen Bücher aufmerksam.

Delnooz, Fons, *Energetischer Schutz: Wie man sich vor Energieverlust, negativen Energien und Schwingungsresonanzen schützen kann*, Windpferd, Oberstdorf 2002

Delnooz, Fons, und Patricia Martinot, *Reiki – die Berufung zum Heilen*, Windpferd, Oberstdorf 2003

Delnooz, Fons, und Patricia Martinot, *Op weg naar zuiverheid. Inzicht in dualiteit*, Ankh-Hermes, Deventer 2001

Delnooz, Fons, und Patricia Martinot, *Voeding en spiritualiteit*, Ankh-Hermes, Deventer 2002

Delnooz, Fons, und Patricia Martinot, *Bezielde communicatie met jezelf, je kinderen en je partner*, Ankh-Hermes, Deventer 2002

Delnooz, Fons, *Spirituelle Hilfe: Für die persönliche Hilfe und für Menschen, die anderen helfen*, Windpferd, Oberstdorf 2004

Delnooz, Fons, und Patricia Martinot, *Opvoeden in liefde*, Ankh-Hermes, Deventer 2005

Delnooz, Fons, und Patricia Martinot, *Het leven is Hart. Meer liefde in je leven*, Ankh-Hermes, Deventer 2008

ÜBER DIE AUTOREN

Fons Delnooz und Patricia Martinot haben eine Praxis in Gent (zwischen Nijmegen und Arnhem). Sie beraten Kinder, Erwachsene und Paare. Beide haben dreißig Jahre Erfahrung mit konventionellen und alternativen Therapien. Sie leiten Seminare, Ausbildungskurse und Workshops – auch für Therapeuten – zum Thema „persönliche Entwicklung" und begleiten Eltern und Kinder während und nach einer Scheidung. Therapeuten können mit ihnen eine individuelle Begleitung vereinbaren, auch auf dem Gebiet des energetischen Schutzes. Außerdem geben die Autoren Meditationskurse für Einzelpersonen und Firmen.

Weitere Informationen erhalten Sie auf der Website www.de-verbinding.com

Außerdem sind sie erreichbar:
per Telefon: 0031 (0)481 422114
per E-Mail: dm@de-verbinding.com

KURSE ÜBER ENERGETISCHEN SCHUTZ

Hat Ihnen dieses Buch gefallen? Wollen Sie mehr erfahren? Wir geben Kurse über energetischen Schutz für Einzelpersonen, auf Nachfrage auch für Institutionen und Firmen.

Das Herz nimmt in unserer Arbeit einen wichtigen Platz ein, ebenso in unserer Auffassung vom energetischen Schutz. Sie können ler-